促进当代大学生全面发展的
教育实践路径

杨少英／著

东北林业大学出版社
Northeast Forestry University Press
·哈尔滨·

图书在版编目(CIP)数据

促进当代大学生全面发展的教育实践路径 / 杨少英著 . — 哈尔滨:
东北林业大学出版社 , 2022.2

ISBN 978-7-5674-2689-4

Ⅰ . ①促… Ⅱ . ①杨… Ⅲ . ①大学生—全面发展(教育)—研究—
中国 Ⅳ . ① G640

中国版本图书馆 CIP 数据核字(2022)第 030600 号

责任编辑:吴剑慈
封面设计:马静静
出版发行:东北林业大学出版社
　　　　　　(哈尔滨市香坊区哈平六道街 6 号　邮编:150040)
印　　装:北京亚吉飞数码科技有限公司
规　　格:170 mm×240 mm　16 开
印　　张:11.75
字　　数:186 千字
版　　次:2022 年 6 月第 1 版
印　　次:2022 年 6 月第 1 次印刷
定　　价:48.00 元

前　言

　　教育是人类社会的重要活动,人类在生存和发展过程中所形成的生产和社会经验要想传授给下一代,必须要借助于教育。

　　自改革开放以来,我国高等教育的发展与改革都取得了举世瞩目的成就,同时高等教育管理体制的一系列重大改革促使我国高等教育的规模不断扩大。如今,我国的高等教育已经进入大众化教育阶段。2020年全国高等教育在学总规模4 183万人,毛入学率54.4%,全国共有普通高校2 738所。从表面来看,高等教育大众化带来的仅仅是数量上的变化,然而事实上,高等教育大众化带来的还有高等教育观念、目标、模式、手段等一系列的变革。在这一过程中,高校必须以高等教育大众化的要求为依据,对大学生的教育实践进行有益的探索,从而促进当代大学生的全面发展。鉴于此,我们特策划了本书。

　　本书共包括七章内容:第一章对大学生入学教育进行了研究,具体内容包括初识大学、学会学习以及了解高校教学管理制度,以期能够帮助大学生对大学有一个清晰的了解,并能够很快适应大学生活;第二章对大学生心理健康教育进行了研究,首先阐述了心理健康的内涵,接着对大学生常见的心理健康问题以及提高大学生心理健康水平的途径进行了探讨,通过本章的学习,可以帮助大学生正确面对在学习过程中出现的各种心理健康问题,保证其健康成长;第三章对大学生安全教育进行了研究,以提高大学生规避危险的能力;第四章对大学生职业生涯规划教育进行了研究,以帮助大学生做好规划,为未来做好准备;第五章至第七章分别对大学生创新教育、就业教育以及创业教育进行了研究,大学生最终是要走向社会的,所以一定要掌握就业及创新创业的相关知识,为未来顺利就业打下坚实的基础。总体来说,本书结构清晰明了,内容丰富翔实,理论明确系统,语言通俗易懂,具有全面性、实用性和可操作性等特点。相信本书的出版,对于大学生的全面发展具有积极意义。

1

　　本书在撰写过程中参阅了许多相关著作,同时也引用和借鉴了许多专家和学者的研究成果,在此表示最诚挚的谢意!由于时间仓促,作者水平有限,错误和不当之处在所难免,恳请广大读者在使用中多提宝贵意见,以便本书的修改与完善。

作　者
2021 年 9 月

目 录

第一章　大学生入学教育研究……………………………………… 1

　　第一节　初识大学………………………………………………… 3

　　第二节　学会学习………………………………………………… 11

　　第三节　了解高校教学管理制度………………………………… 19

第二章　大学生心理健康教育研究………………………………… 25

　　第一节　心理健康的内涵………………………………………… 27

　　第二节　大学生常见的心理健康问题…………………………… 31

　　第三节　提高大学生心理健康水平的途径……………………… 40

第三章　大学生安全教育研究……………………………………… 45

　　第一节　安全教育的内涵………………………………………… 47

　　第二节　安全教育的必要性……………………………………… 49

　　第三节　安全教育的内容………………………………………… 53

第四章　大学生职业生涯规划教育………………………………… 71

　　第一节　职业生涯规划的内涵…………………………………… 73

　　第二节　大学生职业生涯规划的制定与实施…………………… 80

　　第三节　大学生职业生涯规划的管理…………………………… 91

第五章　大学生创新教育研究……………………………………… 101

　　第一节　创新的内涵……………………………………………… 103

　　第二节　创新意识与创新思维研究……………………………… 105

　　第三节　大学生创新教育的理念与主要内容…………………… 114

第六章　大学生就业教育研究……………………………………… 123

　　第一节　大学生就业的准备……………………………………… 125

　　第二节　大学生就业的技巧……………………………………… 135

第三节　大学生就业权益与就业陷阱研究……………………… 142

第七章　大学生创业教育研究……………………………………… 149

第一节　大学生创业的内涵……………………………………… 151

第二节　大学生创业的融资……………………………………… 155

第三节　大学生创业团队的建设………………………………… 159

第四节　大学生新创企业的管理………………………………… 167

参考文献…………………………………………………………… 176

第一章　大学生入学教育研究

　　大学新生入学教育的目的是使大学新生在最短的时间内,以最佳的方式、最好的效果来适应大学环境和高等教育的要求,实现从中学生到大学生的转变。大学新生入学教育质量的好坏直接影响到大学生在整个大学阶段的学习和生活,甚至对其以后的发展都会产生一定的影响。

第一节 初识大学

一、大学的内涵

相对于小学、中学来说，大学（图1-1）是一种更高层次上的学历阶段，然而大学之所以称之为大学，也有其深层次的内涵。具体有以下几个方面。

图1-1 大学

（1）大学之所以大，不仅在于它有大的校园、大的教学楼，更在于它有"大师"。大学精神传统的演变往往是以大师的影响为动力的。从接受学的意义上讲，大学之大，不仅在于大师，更在于仰慕、热爱和追随大师的弟子群体。

（2）大学的魅力和特性在于它的宽容和自由。大学会让人的思想自由翱翔，向着知识的广阔领域和纵深地带开拓挺进。

（3）大学从它诞生之日起就确定要以引领社会道德为己任。学生进了大学，就要加强自我要求，自我肯定，培养自己的厚德品质，只有树立形象，立下志愿，才会从内心产生更大的能量，发挥自己生命的价值。

（4）大学是研究高深学问、培养高级人才的地方，它要为学生提供各种各样的教育，要教给学生谋生的知识与本领。大学的任务之一就是培育学生对伟大人物及其伟大思想的敬仰和求知兴趣。大学不是一个单纯的职业培训场所，它更是一个教学生学习知识、更新理念、增长智慧、锤炼品格的地方，是一个大学理念的形成地、创新意识的养成地、实践能力的培养地、先进文化的传播地、社会进步的推动地。

二、大学的功能

大学的功能概括起来主要体现在图 1-2 中的四个方面。

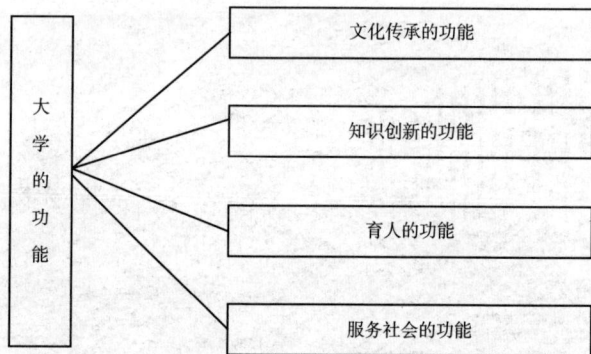

图 1-2　大学的功能

（一）大学具有文化传承的功能

人类文明是人类千年智慧的结晶。大学从诞生之日起就鲜明地展示了"文化传承"这一功能。我们可以从以下两方面来进行理解。

1. 大学是书籍的汇集场所

日益丰富的书籍记载和储存着知识与文化，人类的书籍大部分集中在以大学为主的图书馆和书店里。这些书籍犹如历史的接力棒，将人类文化乃至文明世代薪火相传，生生不息。

2. 大学是知识传播的场所

社会的发展进步要求现代大学的知识传播不仅要高质量,而且要全方位、多层次。人才的杰出性和学习的终身性使大学始终站在"文化传承"的潮头浪尖。

（二）大学具有知识创新的功能

自 20 世纪中下叶开始,科学技术迅猛发展,经济全球化趋势日渐明显,创新越来越成为社会发展的内在动力。目前,大学已经成为创新人才的摇篮。大学的知识创新功能主要体现在以下几方面。

第一,大学在科学研究中对知识创新起着催化作用。目前,高层次大学正在成为各国知识创新的中心和推动科技成果向现实生产力转化的重要力量。现代大学制度的建立,倡导学术自由与知识创新成为显著特征,要营造有利于创新型人才生存、发展的环境。

第二,大学与大学之间的频繁交流和资源共享为社会创新提供了有力的知识保障。

第三,大学与社会联系更加紧密,在人才培养方面,要求大学生不仅要更新知识,掌握新的技能,而且要有创新精神,使学生在踏入社会之时就基本具备创新能力。

（三）大学具有育人的功能

哈佛大学的办学目的在于:"促进所有有益的文学、艺术和科学的发展,借助所有有益的文学、艺术和科学发展,教育青年人,并为教育本国的青年人提供所有其他必要的东西。"在这种"育人至上"理念的指引下,哈佛大学培养出了一批批国家领袖、军事人才和商界精英。可见,大学的育人功能主要体现在以下几方面。

第一,大学需要培养创新型人才,创新型人才是国家发展的宝贵战略资源。

第二,大学需要培养全面发展的高素质人才。高校围绕专业人才培养这一重要使命,努力培养全面发展的高素质人才。

（四）大学具有服务社会的功能

大学服务社会的功能主要体现在以下几方面。

第一，大学向社会输送优秀的建设者和接班人。大学作为学术研究机构和育人的重要阵地，不仅要维持独立性，而且要扮演社会进步的引领角色。特别是要培养出优秀人才，这才是对社会最好的服务。

第二，作为更直接的服务方式，大学利用优秀的专业人才、精良的实验设备、丰富的信息资源、成熟的科技成果为创新型国家建设服务。大学应为企业技术创新提供有力的技术支撑。比如，大学教授可以通过科学研究为社会、企业解决实际问题，这也是大学人尽其才、物尽其用、融入社会的进一步体现。

第三，随着社会服务内容的复杂化和综合化，越来越多的大学与企业、地区建立起了全面合作的形式，更好地实现了大学服务社会的功能。

三、大学精神

（一）大学精神的概念

从广义上看，大学精神是人们投射到社会的一种精神与价值建构，是大学在扮演特殊社会角色过程中所秉持的一种追求，它概括和浓缩了大学的使命、功能、目标和理想。从狭义上看，大学精神是一所大学经过长期发展所形成的特有气质，是大学在长期文化熏陶中积淀、整合、提炼，并为师生所认同的一种价值观念体系和群体自我意识。无论是从狭义还是广义的角度，大学精神都可以说是大学的灵魂，对大学生的影响甚大，是大学生永存的精神资源，并在这个基础上为社会提供价值导向和道德理想等。

（二）大学精神的内容

大学精神所包含的内容日益丰富，概括来说主要包括以下几个方面（表1-1）。

表 1-1　大学精神的内容

大学精神	具体阐述
自由精神	自由精神是大学精神的基本内涵,这种精神充满包容性,给予在大学中活动的个人以充分的自由,大师之"大"与学生之"小"在人格和地位上是平等的,在知识面前也是平等的。这里的自由主要包括指导思想、学术自由以及言论自由三个方面
民主精神	大学中的民主精神主要表现为"教授治校""学术为重""人人平等"等理念。民主精神的发扬不仅会对发展大学的学术具有重要的意义,而且会极大地激发教授治校的热情,为学者创造和传播知识提供更广阔的空间
学术精神	学术精神首先体现为大学在学术水平上的不断提高,让大学和社会保持相对超脱与独立,这是大学可持续发展的前提。其次,大学的学术精神还体现在进一步加强科研创新能力,培养一大批学术创新人才,促进不同文明之间的对话与交流
人文精神	大学精神的核心是人文精神。大学的人文精神表现在对学生的培养上,就是教育学生具有人文主义的终极关怀,实现学生的道德自觉、理想自觉和文化自觉。引导学生学会学习、学会生存,从世界本源的高度来认识知识更新的含义,不断运用所学知识开展知识增新活动。只有这样,大学才能通过知识更新达到高等教育服务于社会的目的
先导精神	大学的主体与使命的特征,决定了它总是站在时代的最前沿,具有先导性质。就大学的主体而言,大学是青年精英荟萃的地方,而青年人是保守意识最少和叛逆精神最多的知识群体,他们在社会中处于时代的前端,是大学在引领社会潮流。就大学的使命而言,大学要探索真理、发展学术,引导社会进步,就要不断追求理论创新、思想创新和制度创新,不断超越过去,对传统的和现有的规则进行批判与挑战
卓越精神	大学是研究高深学问和培养优秀人才的地方,具有非凡的品质和崇高的追求。这些追求包括知识上的博大精深、思想上的独创不凡、人格上的完美纯粹和事业上的功绩卓著
批判精神	大学的批判精神首先表现为大学教师在教学和科研过程中能够以科学的态度对待传统与现实,否定非科学的内容,破除迷信与保守主义,建立科学的知识体系。其次,大学批判精神还表现在对社会现实的理性反思和价值构建。再次,大学的批判精神还应积极参与到政府的科学决策中来,发挥其服务社会的积极作用
创新精神	创新精神是大学存在的价值所在,是大学在社会有机体中保证自身地位的根本生命力。大学以人才培养为己任,而创新性恰恰是人才的核心特质

四、大学的意义

大学是学校教育的高级阶段,是培养高素质人才的地方。大学的存在具有重要的意义。具体来说主要体现在以下几方面。

（一）大学是人力资源开发的重要时期

从广义上讲,人力资源是指人口总体具有的劳动能力的总和;从狭义上讲,人力资源则是指人的能力,包括知识、智力、技能及其可持续发展和发挥的程度。人力资源开发的途径不外乎三种:基础教育、学校教育和继续教育。在这三条途径中,学校教育最为关键,而学校教育又以大学教育最为重要。

（二）大学是人才健康成长的最佳时期

从主观方面来看,大学阶段正是人生发展的黄金时期。20岁左右的青年人,个体的生理特征已经发育成熟,主体意识的"成人感"不断增强,这就使得大学生具备了全面从事创造性活动的生理和心理条件。从客观方面来看,大学为人才成长提供了优越的环境和条件。大学不仅可以让大学生尽快地接近当代的学科前沿,还可以使大学生的心理健康水平得到不断提升,从而促使他们迅速走上成才之路。

（三）大学是人生科学定向的关键时期

如果把小学时期看成是人生启蒙,把中学时期看成是给人生奠基,那么,大学时期就是给人生定向。这是因为大学专业的规定性体现了人生的择业方向,大学专业的多样性为人生定向提供了得天独厚的条件。

五、大学文化

大学文化是大学赖以生存和发展的根基与灵魂,是大学最重要的精神资源和无形资产,是创办大学品牌和打造大学特色的重要窗口。

（一）大学文化生活

大学生追求高品位的精神生活,向往高尚的文化生活,形成高雅的文化生活氛围。因此,大学的文化生活总充满着积极向上的、有青春活力的、有追求的时代气息。具体而言,大学文化生活包含以下几方面。

1.党团组织活动

党团组织活动旨在巩固青年党员、团员的理论基础,同时引导其关注时政,关注国计民生,担负历史责任。大学党团组织活动主要有以下几种形式。

（1）理论研讨。理论联系实际的研究讨论,给党员以更大的思想活动空间,既可以提高党员的理论认识,又可以使党员之间相互教育、相互促进。结合全国或者本地区的时政动态,进行定期的研讨交流是加强党团活动的一个重要环节。

（2）党课、团课。党课是对大学生党员、发展对象和积极分子进行系统性、持续性理论教育的有效形式。团课则是共青团组织对团员进行思想政治教育和基本知识教育的主要形式。

（3）党员实践活动。党员通过实践了解国情、民情、校情,在实践中增长才干,进一步深化对党的知识的理解和认识,学生在为社会发展献策、奉献自身智慧的过程中真正领悟党的宗旨,体会党员的责任和使命。

2.文体娱乐活动

文体娱乐活动主要包括以下几方面。

（1）文化活动。文化活动是指能体现知识性、专业性或文化性的活动,此类活动将专业知识以更加活泼、有趣的形式传授给学生,在丰富和提升学生知识文化素养的同时,让大学生体会到自我探索与学习的快乐。

（2）体育竞赛活动。各种各样的体育比赛,如运动会、篮球赛、足球赛等都能够促进学生加强体育锻炼,在竞争中收获运动的快乐。

（3）文艺活动。文艺活动是每所大学定期或不定期都会开展的活动之一,旨在丰富学生的课余生活,提升学生的综合素质。

3. 社团活动

社团活动为大学生提供了认识社会、锻炼自己的有效平台,它是大学生实现自我教育、自我管理的有效方式,是连接学校与学生的桥梁和纽带,以培养学生兴趣、增长知识、提高技能、陶冶性情为目的,为学生综合素质的拓展提供了广阔的舞台。大学社团的形式多种多样,根据其形式及功能的不同,可分为以下几类。

第一,学习型社团,如大学生科协、环保协会、发明创造协会、英语俱乐部等。

第二,思想教育类社团,如马列主义学习会、"三个代表"研究会等。

第三,素质拓展类社团,如文学社、围棋协会、演讲协会、书法协会、篮球协会等。

4. 志愿者活动

随着社会的发展,大学生志愿者活动日益成为大学生在实践中经受锻炼、完善自我的新课堂。常见的志愿者活动有主题宣传、便民服务、社会实践服务活动、技术服务等。

(二)大学办学理念

大学的办学理念决定了大学发展方向的理性认识、理想追求及其相应的大学教育思想观念。每一所大学的背后,都承载着各自独特的办学理念。

(三)大学标志文化

在大学,学校的标志不仅仅是学校的一个代名词,而且是校园文化的一种载体,一种精神的象征。一般来说,大学的标志物有如表1-2所列的几类。

表 1-2 　大学的标志物

标志物	具体阐述
校歌	在大学,校歌被校友们传唱,影响了一代代学子的审美情趣。可以说,校歌不仅仅是流动的舞姿,更是音符编成的规约和守则。每所大学的校歌都被赋予不同的意义,承载着不同的重任,既可以是传达学校的历史传统与办学理念,也可以是表现师生自强不息、创新有为的理想追求
校徽	作为言(文字)、象(意象)、意(寓意)的结合体,大学校徽一经设计出来就被赋予了丰富的文化内涵和精神底蕴,在很大程度上代表了学校的办学精神和价值取向
校训	了解一所大学的校训,可以直接触及该校的灵魂和特质,成为了解大学校园文化和大学理念的一把钥匙

第二节　学会学习

一、树立终生学习的观念

（一）终生学习的含义

终生学习是指个体的学习活动是一生中连续不断的过程。简单地说,就是"活到老,学到老"。这意味着每个人都有接受教育、参加学习的权利。事实上,这是一种理想状态。终生学习具有显著特征,概括来说主要包括以下几方面。

第一,学习贯穿于人从生命开始到结束的全过程。人从出生就开始进行各种形式的学习,不同的阶段有不同的学习内容。人的一生都需要发展,所以人总是会有意无意、自觉不自觉地进行学习。

第二,在终生学习过程中,人是学习活动的主体。社会中的每个成员为适应社会和实现个体发展的需要,就要选择持续学习,因为人要面对外部环境的压力,要追求生活质量、生命价值和捍卫尊严,这是人生存发展的需要。

第三,终生学习是个别化和个性化的学习。由于人们在认知特征以及个性结构等方面存在巨大差异,所承担的社会角色也不相同,人的差异性是社会的客观存在,终生学习也因人而异,是个性化和个别化的学习。

（二）树立终生学习观念的原因

进入 21 世纪，我们所处的时代是知识经济时代，我们所处的社会是一个以知识为核心的社会。它具有以下特征。

第一，知识更新的速度越来越快。

第二，知识量激增，而且递增速度越来越快。

第三，知识载体的多样化。从传统的纸张发展到磁带、胶片、磁盘、光碟，信息的存储量越来越大。

第四，知识传播更快捷。随着信息技术和互联网的发展，即时通信使人们能够在最短的时间内方便地获取自己所需的信息。

在知识经济时代，学习已不是人生某一阶段的任务，而是伴随人们终身的一种生活方式；学习也不只是某一个体的生存方式，而是全社会、全人类的生存方式。

（三）树立终生学习观念的方法

1. 树立发展的学习理念

要树立终生学习的观念，大学生首先要明白自己学什么。

（1）大学是一个传承与发展知识、文化，探求真理的地方，在这里，大学生要学习专业的知识与技能、科学研究的知识和方法以及分析问题的知识与能力。

（2）大学要培养健全完善的人，在这里，大学生要塑造与发展优秀的个人品格，要学习礼仪、道德等为人处世之道，合理合法地发展和培养自己。

（3）大学要培养具有独立人格的人，在这里，要学习良好的思考与思维方式。

（4）大学生要服务社会并创造价值，要培养自己为社会服务的能力。

2. 树立现代学习观

现代学习观是指学习者对学习及其过程的根本观点和看法，强调主动地求知，能动地发现、探索和创新；强调使人的生命历程成为无处不在、无时不有的学习历程,不只局限于课堂和学校;强调利用互联网构建立体交叉的网络学习系统。现代学习观的特点主要包括表1-3所列的几方面(表1-3)。大学生要树立现代学习观,积极培养自己终生学习的能力,以适应社会的不断进步。

表1-3 现代学习观的特点

特点	具体阐述
现代学习观认为学习是学生获得全面发展、提升价值的需要	现代学习观认为学习既表现为接受和掌握,也表现为感悟、体验、发现和探究。在以智力资本为特征的知识经济社会,后者显得尤为重要
现代学习观认为学习是学生社会化的过程	现代学习观认为所有通过感受器官通向大脑的活动都是学习,而不只是获得良好成绩的学习才是学习。对大学生来讲,除了课堂上的学习,参加各种实践活动也是很好的学习
现代学习观认为学习是人们自觉主动的行动	现代学习观认为学习不只是对学习者标准化、强制性的活动,更重要的是要成为学习者自觉、主动、积极的行为。因为现代学习观特别注重学生的自身需要、经验、兴趣、性格、能力、志向等,重视并尊重学生的选择、适应和可能

二、掌握大学学习的迁移规律

在学习中,迁移一般指以往获得的知识、技能和方法对学习新知识和解决新问题所产生的影响。了解学习中的迁移规律对大学生的学习会起到一定的帮助作用。

(一)迁移的分类

迁移主要分为表1-4所列的几种类型。

表1-4 迁移的分类

分类	具体阐述
正迁移	正迁移是指以往获得的知识、技能、方法对新的学习起到积极促进作用。如已学高等数学知识给学习物理、力学课程带来正迁移影响
负迁移	负迁移是指以往获得的知识、技能、方法对新的学习起到消极作用。如学计算机的实数二进制时,以往掌握的实数十进制的知识就是负迁移

续表

分类	具体阐述
零迁移	零迁移是指以往获得的知识、技能、方法对新的学习不产生影响。如已学过的化学知识一般来说对学习力学课程不产生影响
顺向迁移	顺向迁移是指以往学习的知识、技能、方法对以后学习其他知识产生的影响
逆向迁移	逆向迁移是指后学习的知识、技能、方法对以往学习过的知识、技能、方法在理解程度上的影响

（二）迁移规律的利用

大学生在学习过程中主动利用学习的迁移规律可达到学习目的和提高学习质量，具体来说可以采用以下几种方式。

1. 活化知识

在学习过程中，大学生要主动地将正在学习的知识和已经掌握的知识紧密相连，组成一个有条理、有层次的知识网络，以备需要时能迅速提取并加以应用，为学习中的正迁移创造条件。

2. 知识深化

在学习过程中，大学生应经常将学到的知识加以综合、归纳和总结，并利用它们去加深理解以往学过的知识，使认识进一步深化，做到逆向的正迁移。

三、了解大学学习的过程

（一）大学学习过程的阶段

大学学习过程的阶段如图 1-3 所示。

1. 形成动机阶段

学习是有目标的活动，目标的选择与动机相关，引起动机的原因是需要。因此，在需要的指引下，会形成"行动"目标，这就意味着学习者有了学习的决心和决策，同时能够规划学习的方法和行动。

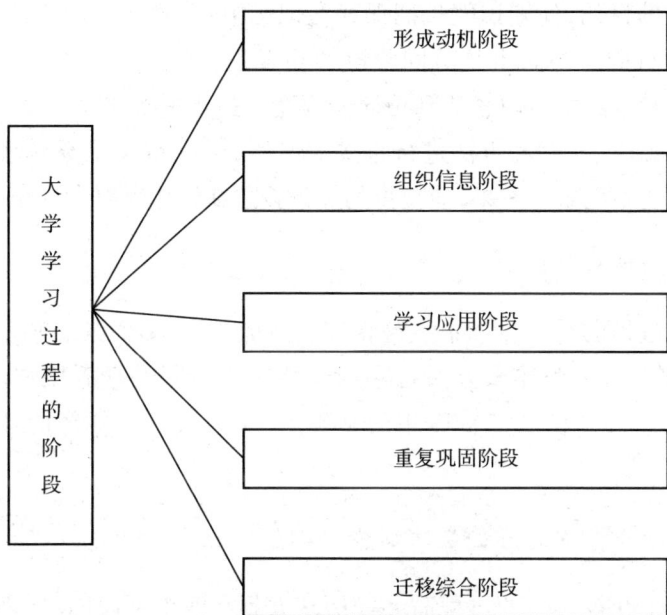

形成动机阶段

组织信息阶段

学习应用阶段

重复巩固阶段

迁移综合阶段

大学学习过程的阶段

图 1-3　大学学习过程的阶段

2. 组织信息阶段

知识和技能都有它自身横向和纵向的联系,因此,在学习的过程中,学习者需要对相应的信息进行组织,具体来说,可分为以下三种。

第一,把新信息和旧知识"联系"起来,这样既可以为新信息提供参照系,又便于新信息的消化、吸收,形成更高级的信息网络。

第二,将认识的结果用模型进行特征描述,做到把片段知识加以汇总。

第三,将新信息用直观和文字概括的方式"表达"出来,并将感性认识提高到理性认识,学会表达理性认识的方法。

3. 学习应用阶段

在组织信息的基础上,学习者要通过应用使学习深化,使自己进入角色,成为学习的主人。

4. 重复巩固阶段

在初步应用以后,必须对基本的学习内容进行重复和强化,这样才能达到巩固的目的,使知识能长期保存在记忆中,因此,学习的第四个阶段就是重复巩固阶段。重复巩固阶段的要素主要包括熟练、强化和常规。熟练是对基本的学习内容达到精通的程度。强化是指每隔一段时间对一些重要的概念、原理和方法进行再次复习和应用。常规是熟练和强化所学内容以达到期望的效果,使获得的知识技能在运用时符合规矩。

5. 迁移综合阶段

学习过程的最终目标不只是将知识技能学到手,而是要知道在什么时间、什么场合、用什么方法将它们迁移应用到新的任务中去。为此,在已经巩固的知识及初步应用的基础上,学习过程还要经历迁移综合阶段。

(二)大学学习过程的层次划分

大学生在校学习的过程需要经历从大到小两个不同层次(表1-5)。

表1-5 大学学习过程的层次划分

层次划分	具体阐述
第一层次:学习过程——从入学到毕业	一般来说,大一上学期学生往往表现出种种不适应,这就要求各门课的教师在学习内容、学习方法和学风的养成上帮助和指导学生度过这个适应期。在这之后,大学生要接受基础科学和技术科学知识、技能,以及体育体能的训练,并形成广泛的文化需要,其中的专业课起着把学生引向接受专业教育、懂得当前学习和今后从事职业的联系,同时调动学生学习积极性和主动性的作用。在即将毕业时,大学生的学习目标会有所分流:一方面要按照自己的专业意向继续学习各类必修课和选修课;另一方面还要按照自己的发展意向选择毕业设计课题。大学生经过这个层次的培养,其知识、能力、素质都会有一个较大的提高,而且出现了许多与前途、家庭、工作地点等实际问题有关联的新的思考内容
第二层次:学习过程——从一门课程的开始到结束	在这个过程中,学生的认知水平要经历从第一阶段认知水平到第二阶段认知水平的变化,这一阶段学生自行阅读参考文献,自己进行学习总结,并积极参与课堂讨论;从第二阶段认知水平到第三阶段认知水平的变化,这一阶段学生参与各种实践环节的训练,应用理论知识解决实际问题。在这些变化中,大学生要把握时机及时将自己从低一级的认知水平提高到高一级的认知水平上去

四、熟悉大学学习的方法

大学生应该根据大学学习的特点，结合学习的规律与自身的学习习惯，寻找到适合自己的学习方法。具体来说，大学生可以采用图1-4所列的几种方法来增强自己的学习能力。

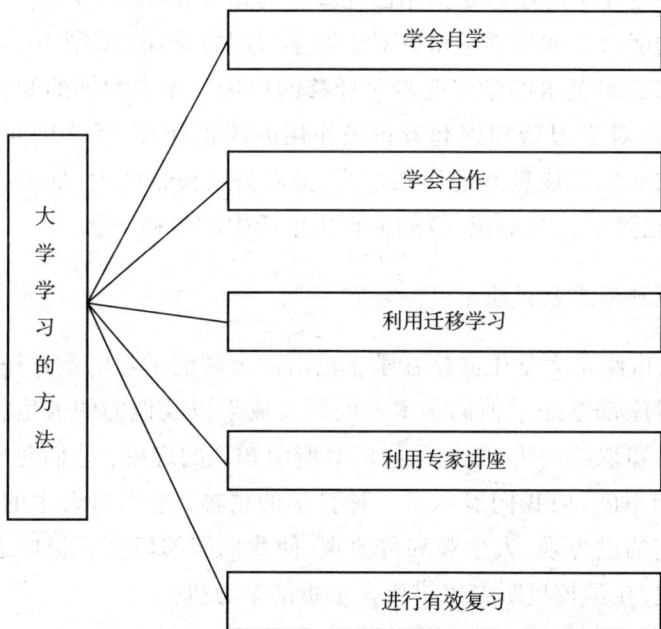

```
                    ┌─────────────────────────┐
                    │        学会自学          │
                    └─────────────────────────┘

                    ┌─────────────────────────┐
                    │        学会合作          │
                    └─────────────────────────┘
大学
学习     ────────>  ┌─────────────────────────┐
的                  │      利用迁移学习        │
方法                └─────────────────────────┘

                    ┌─────────────────────────┐
                    │      利用专家讲座        │
                    └─────────────────────────┘

                    ┌─────────────────────────┐
                    │      进行有效复习        │
                    └─────────────────────────┘
```

图1-4　大学学习的方法

（一）学会自学

在大学里，老师不会像中学老师那样一次又一次重复每一节课的关键内容，上课一般是介绍思路多，详细讲解少。大学生的学习方式更多地是以自学为主。因此，每个大学生都必须加强自学能力的培养和自学习惯的养成。

（二）学会合作

在大学校园里，你经常可以看到那种风气正、学习积极性高的班级或宿舍，这就是学生们在自然中吻合了合作学习法，实现了整体素质的超越。所以,大学生可以与同学结成学习对子或学习群体,互相监督,互相提醒,互相讨论,吸收彼此身上的优点,补充各自知识的不足,这样不仅能够提高学习的自主性,而且有利于提高学习效率。

(三)利用迁移学习

学习过程中的迁移是指用已经掌握的知识和技能学习新知识、解决新问题的能力。如化学学得好对生物学习起着正迁移的作用,而汉语的语法和修辞对英语的学习起着负迁移的作用。原先掌握的知识、技能、方法、态度对学习新知识起着积极作用的叫正迁移,反之则叫负迁移。这就要求我们形成良好的认知结构,提高分析概括能力,促使正迁移的实现,用已经学过的知识、技能去解决生活中的各种问题。

(四)利用专家讲座

专家讲座是大学生向站在学术前沿的大师们学习的重要途径,每位专家的讲座都浓缩了他们学术上的研究成果以及他们的人生智慧。他们对学科知识的剖析,能加深我们对所学知识的理解;他们对学科研究的方法和态度,向我们展示了一种科学的精神;他们对人生的看法,会影响我们的世界观、人生观和价值观,使我们能够以更积极的态度去生活。因此,在学校里听专家讲座是宝贵的学习机会。

(五)进行有效复习

复习是学习过程的有机组成部分,任何学习都必须通过复习来巩固。复习不是简单的重复,要根据学习规律,特别是记忆规律来合理、科学地组织复习,达到掌握系统知识的目的,为此,应注意表1-6中的几点。

表1-6 进行有效复习的注意事项

注意事项	具体阐述
及时复习	这就要求大学生在掌握知识时要及时复习,在遗忘前进行复习,不能在遗忘后再复习,那样几乎等于重学,会耗费大量的时间和精力
将机械记忆与意义记忆相结合	大学生记忆的优势在于意义记忆。机械记忆的基本条件是重复,不求甚解;意义记忆的基本条件是理解,是在理解所学内容的基础上掌握知识。要将机械记忆与意义记忆相结合

注意事项	具体阐述
尝试回忆与反复阅读相结合	不少大学生为了牢固掌握知识,在复习中反复阅读,直到熟练背诵为止,这是非常不科学的学习方法。在复习中,对那些还没有完全掌握的知识应该尝试进行回忆,这样既可巩固已掌握的知识,又可明确复习的重点与难点,而那些没有掌握的内容就是下一步复习的重点和难点,使复习的指向性更加明晰
注意多种感官协同参与复习	有些大学生仅靠看、读、背等单一形式进行复习,不仅效果不好,而且容易造成学习疲劳。从学习的基本生理机制来看,学习就是在大脑皮质上建立暂时神经联系,而多重感官参与能够建立多重的暂时神经联系,不仅"记"得牢而且便于提取

第三节　了解高校教学管理制度

高等院校为了维护正常的教育教学秩序,促进学生德、智、体、美等全面发展,制定了一系列教学管理制度,这些管理制度是学生遵纪守法、规范行为、完成学业所不可缺少的。当前我国高校的教学管理制度有很多,本书主要对下面几种进行简要阐述。

一、学籍管理

学籍管理制度规定了学生从入学到毕业整个培养过程的学业管理,涉及学生的入学与注册、考核与成绩记载、课程补考与清考、转专业与转学、休学与复学、退学、毕业、结业、肄业等各个方面。学籍管理制度对学生关系重大,教育行政管理部门和各高等学院都将其作为大学生必读、熟知的教育教学要求。了解学籍管理非常重要,可以使每一个在校学生都知道在大学学习期间应该如何完成自己的学业,如何规范自己的学习行为。学籍管理主要包含表1-7中所示的几方面内容。

表 1-7 学籍管理的主要内容

主要内容	具体阐述
入学与注册	规定了学生应该如何办理入学与注册,因故不能按期报到注册的视其情况有不同的规定
考核与成绩记载	教育部颁布的《普通高等学校学生管理规定》中明确指出学生应当参加人才培养方案规定的课程和各种教育教学环节(包括入学教育、军事训练、实践教学、社会实践、毕业设计或毕业论文等,以下统称课程)的考核,考核成绩及所得学分载入学生的学习成绩总表,学生的学习成绩总表归入本人学籍档案
课程补考与清考	规定了考核不合格的课程补考的处理办法,补考不合格的课程清考的处理办法,以及课程的补考、清考不得办理缓考
转专业和转学	规定了经国家招生统一考试、按志愿录取的学生,一般应在录取的系和专业完成学业。学生可以按学院的规定申请转专业。学生办理转学,需要经两校同意,才可以办理转学手续
休学与复学	凡按规定需要休学的学生,由学生本人提出休学申请或由所在系向学生提出强制休学建议,由系领导签署意见(因病休学应持学校医院或指定医院诊断意见),经教务处审核,报主管校长批准。学生休学期满,应当于学期开学前向学校提出复学申请,经学校复查合格,方可复学
退学	按规定应予退学的学生,由教务处按退学条件审核,报校长会议研究决定。对退学的学生,由学校出具决定书送交本人,并报省教育厅备案
毕业	具有学籍的学生在学校规定年限内,修完教育教学计划规定内容,德、智、体、美等达到毕业要求,毕业鉴定合格的,准予毕业,由学校发给毕业证书

二、必修课和选修课管理

高等院校的课程按功能和性质分为必修课和选修课两大类。

(一)必修课

必修课是指专业人才培养方案中规定学生必须修读的课程,即根据专业人才培养目标和毕业生基本培养规格,要求学生必须掌握的由基本理论、基本知识、基本技能所确定的该专业学生必须修读的课程和环节。必修课由公共课、专业基础课、专业技术课和实践课构成。

公共课包括思想政治理论课、公共体育课、公共外语课、计算机应用基础以及各专业必备的公共基础课。这些课程是学生学习后续课程和今后自我发展的基础。

专业基础课是指培养专业素质所必需的基础课程。这些课程是学生学习职业技术课、参加毕业综合实践和顶岗实习的基础。

专业技术课是指培养专业技术应用核心能力和素质所必需的课程。这些课程突出了针对性、应用性、实践性、前瞻性。

实践课包括实验课、实习实训课、课程设计、毕业设计或论文、毕业顶岗实习、军事训练、劳动、社会实践等部分,这些课程体现了高技能人才突出实践能力培养、操作动手能力培养的特点。

（二）选修课

选修课是指学生在掌握必需的专业基础知识和专业技术知识以后,为进一步拓宽专业面,学习专业前沿与专业交叉知识,提高人文素质或强化专业方向培养复合型人才所选修的课程。学生可根据本人的兴趣爱好与发展在一定范围内选修适合自己的课程。

三、学分制下的选课管理

学生选课管理是高等院校实行学分制教学管理的关键环节,学生选课是实施学分制的前提和必要条件。

（一）选课前的准备工作

选课前的准备工作如表 1-8 所示。

表 1-8　选课前的准备工作

准备工作	具体阐述
熟悉本专业的人才培养方案	专业人才培养方案是教师教学、学生学习、学生选课的重要指导性文件。学生应当熟悉本专业的人才培养方案、课程教学大纲、实训教学大纲。学生应当清楚本专业要求修满的总学分、理论教学必修课要求的学分、实践教学要求的学分、专业限选课要求的学分、任选课要求的学分、课外教育要求的学分等

续表

准备工作	具体阐述
了解课程的开设情况	各专业人才培养的目标和要求不同,课程安排也有所区别。同类课程对不同专业的要求也不同。学生应当清楚本专业开设哪些课程及课程的类别。学生可根据兴趣修读本专业人才培养方案内规定的限选课,修读教学计划内推荐的加强基础、丰富知识、拓展技能和培养个性的任选课。学生也可自学在教学计划外拓展知识与技能、体现素质与能力的任选课,该课程认定学分后可记入学生成绩档案,但不能作为计划内任选课学分
检查本人学习进度情况	学生在选课前应检查所要选的课程是否有先修课程要求,如果有,一般应先选修先修课程

(二)选课操作流程

学校教务处一般在每学期的开学前一周通过选课网站公布本学期的任选课课程表,学生可上选课网站查阅并初步选择要学习的课程,包括任课教师、上课时间、地点等。选课按照预选、补选、公布选课名单三个步骤进行(图1-5)。

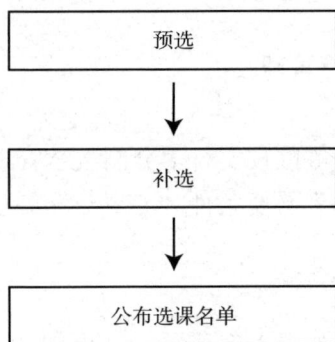

图1-5 选课操作流程

1. 预选

学生初步选定要学习的课程。每个学生都必须参加预选,一般学校会对每人每学期选修课程的门数做一定的限制。

2. 补选

预选结束后,选课人数超过限选人数的课程,由计算机随机筛选,确定选课学生名单,由此会造成部分学生未能选上课,这部分学生必须参加补选。补选时不能选择人数已达到限制人数的课程。

3. 公布选课名单

教务处对补选结果进行统计,并公布选课名单。选课人数不达开班人数的课程将停开,由此造成部分学生未能选课,这部分学生可以到教务处登记,由教务处进行调剂,也可于下个学期再参加选修。

四、评教管理

教学质量是高校生存和发展的核心。就目前而言,课堂教学质量评价通常包括学生评价、同行评价、教师自评、领导评价及专家评价等多种方式。在这些评价中,最生动、最有效的当属学生评价,即学生评教。学生评教活动是各高等院校提高教学质量的有效手段和获取课堂教学质量信息的有效途径。

学生自始至终都参与了教学的全过程,对教师的教学质量具有发言权;学生评教也有利于师生交流,促进教师教学水平的提高。学校在赋予学生评教权利的同时,也要促进学生履行努力学习的义务;大学生已具备了对教学进行正确评价的能力。所以,开展学生评教是必要的,也是可行的。

学校组织全体学生对教师的课堂教学质量进行评价,目的是使教师通过评价了解自身的教学状况,有针对性地改进教学工作,不断提高教学质量。所以,为促进学校教学质量的不断提高,体现学生的教育主导地位,全体学生务必以主人翁的态度认真参与学生评教。

学生评教,直接涉及对教师教学工作的考核,同学们要本着对教师和自己高度负责的态度,客观地进行评价。

为确保学生评教活动的顺利进行,同学们应事先认真了解本学期各课程、各任课教师的基本情况,从教学目标、教学内容、教学素质、教学方法、教学效果等不同方面了解教师的课堂教学质量,熟悉和理解评估内容及指标,仔细听取组织评教的教师的介绍和提出的要求,按规定认真逐项进行评价,力求评价客观公正。

第二章　大学生心理健康教育研究

　　大学阶段是一个人成长的关键时期。青年学生思想活跃，求知欲旺盛，但情绪易波动，易受挫折，容易偏激。实践告诉我们，一切成就、财富和幸福都源于健康的心理。健康的心理是大学生整体素质提升和发展的重要基石。

第一节 心理健康的内涵

一、心理健康的标准

心理健康的标准如表 2-1 所示。

表 2-1 心理健康的标准

标准	具体阐述
智力正常	智力是心理活动的认知功能表现,良好的智力水平是保证个体取得成功的重要基础。只有智力正常的个体才能更好地适应环境,才能更好地生活和工作,也才能最终取得成功
情绪稳定乐观	情绪对一个人的心理健康具有重要的作用,拥有良好情绪的人思维敏捷、记忆力强,凡事都充满信心,而拥有不良情绪的人往往记忆困难,思维混乱,凡事都有一种悲观失望的心理。情绪乐观稳定的人会拥有良好的自制力和自控能力,能够合理调节自己的情绪,而情绪不健康的人往往自控能力差,经常将自己的不良情绪带到其他事件中去
自我意识完善	心理健康的个体往往都有正确的自我意识,对于自身的优点,他们努力保持并发扬,而对于自己的缺点,他们努力去改正,他们对自己的错误主动承认,由于自身原因导致的一些问题他们也会去主动承认并且积极改正,他们不自卑也不自傲,人际关系和谐
反应适度	心理健康者思维清晰、符合逻辑、行为有序,行为反应正常;相反,心理不健康者则思维混乱、不符合逻辑,行为反应过敏或迟钝
心理行为符合年龄特征	在个体的生命发展过程中存在着不同的发展阶段,每个阶段都有其独特的心理特点,在这些心理特点的影响下也会出现与之相符的心理行为。心理健康的人其行为必须符合自己的实际年龄特征
意志坚定能够自制	心理健康的个体一定会意志坚定且能够自制,这主要表现为个体对于自己认定的事情并且能够通过努力达到自己想要的结果的事情不轻易放弃,还表现为个体对任何事情都有自制的能力,在遇到事情时有一定的判断能力,能够用冷静的心态对事对人。而心理不健康的个体则往往表现出两种极端的心态,要么犹豫不决,要么武断独行

续表

人际关系和谐	每个人都生活在一定的社会环境中,都需要与他人交往。心理健康的个体往往非常喜欢和他人交往,有知心朋友,在交往的过程中也能很好地遵循适度原则,将人际关系维持得非常好。相反,心理不健康的个体往往对其他人持有疏远的态度,他们不愿意与人交往,人际关系也不和谐
人格完整和谐	心理健康的个体往往自信、热情、勇敢、正直,拥有积极进取的人生观,并能通过自己的不断努力达到目标,而心理不健康的个体往往悲观、冷漠、自卑、恐惧、自私,他们的人生观往往是消极的、悲观失望的,他们也往往成为生活中的失败者

二、心理健康的特点

心理健康必须具有图 2-1 中的显著特点。

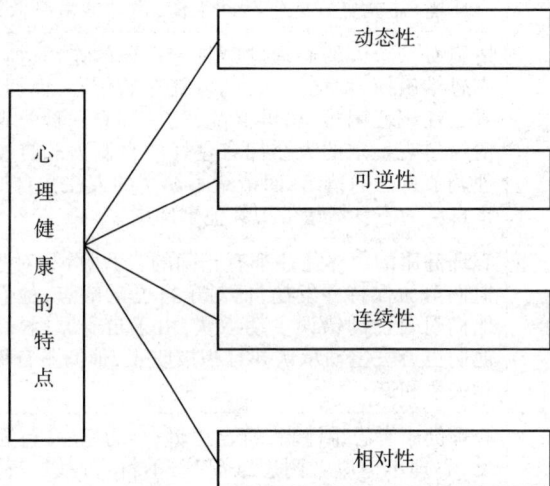

图 2-1 心理健康的特点

(一)动态性

心理健康是一个动态发展变化的过程,其会随着个人的成长、环境的改变、经验的积累以及自我保健意识的发展而发生变化。所以说,心理健康具有动态性的特点。

（二）可逆性

如果个体在平时不注意自己的心理问题，在出现一定的问题之后也持有忽视的态度，那么长此以往，该个体的心理健康水平就会下降；相反，如果个体在受到心理问题困扰时能够及时对待，并且想方设法进行一定调节和寻求心理咨询的帮助，就会很快消除烦恼，恢复健康的心理。所以说，心理健康具有可逆性的特点。

（三）连续性

我们通常所说的心理健康和心理不健康并不是两个绝对的对立面，二者经常是一种连续的状态。从良好的心理状态到不健康的心理状态之间往往是渐进的和连续的，如果个体刚开始对不良的心理没有引起重视，那么慢慢地这种心理状态最终就会导致心理不健康的状态。所以说，心理健康具有连续性的特点。

（四）相对性

人的心理健康具有相对性，与人所处的年龄、时代、环境、文化背景等方面的因素有关，不能单纯从个体的某一个行为或者动作就判断其心理是否健康。例如，有一位大学生平时性格开朗，和同学的关系很好，可是在一段时间内突然情绪低落，也不愿意和别人多说话，那么我们不能因此而判断这名大学生心理有问题。经过对该名大学生询问之后才知道她之所以会这样是因为家里有人去世，所以心情才不好，在了解了原因后，我们就会认为这名大学生的表现是正常的。由此可以看出，心理健康具有相对性的特点。

三、心理健康的基本原则

概括来说，心理健康应遵循图 2-2 中所列的两个原则。需要指出的是，这两个原则是心理健康的最基本原则，缺少任何一个原则，心理健康都是病态的。

```
┌──────┐
│心理  │        ┌─────────────────────────────┐
│健康  │        │          现实原则            │
│的    │───────┤                             │
│基    │        └─────────────────────────────┘
│本    │
│原    │        ┌─────────────────────────────┐
│则    │        │          快乐原则            │
└──────┘        └─────────────────────────────┘
```

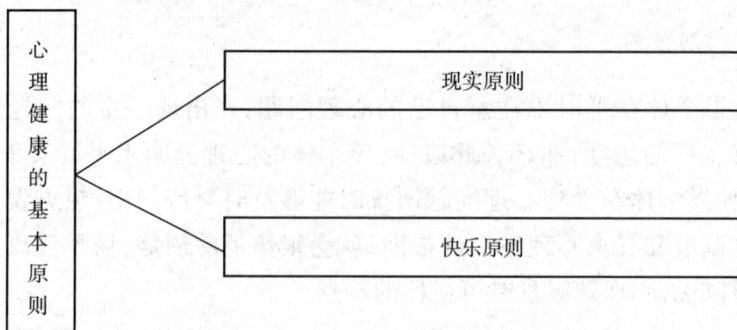

图 2-2　心理健康的基本原则

（一）现实原则

　　自我感觉很好的人不一定健康。比如，一些自私自利的人，整天以自我为中心，认为自己的感受是最重要的，所以一切都从自身出发，凡事都先考虑对自己是否有益，完全不考虑他人的感受及对他人造成的伤害。这些人很快乐，但他们的心理并不健康，因为衡量一个人的心理是否健康，除了自我感受外，还必须考虑其社会适应性，以及一个人的心理活动与外部环境是否具有同一性。

（二）快乐原则

　　快乐原则是衡量一个人心理是否健康的重要法则。无论是工作、学习还是待人接物，快乐的人都是靠内心体验来调整其行为的。强迫症患者屈从于强迫性的需要，行为拘谨刻板，以程式化的方式对待身边的人与事，过分追求完美，这显然是本体感觉出了问题。当一个小孩子为了博得大人的好感，违心地表达自己的真实感受时，千万别太早地为孩子的懂事而高兴，你得留意这个孩子的心理健康。过度地早熟与懂事会压抑孩子的本体感觉，这并不是什么好事。只有行为中的愉快真正来自本体而不依赖于他人的评价，利他行为才算是健康行为。

第二节　大学生常见的心理健康问题

一、大学生的学习心理问题

大学是一个人青年时期学习知识的最后一所学校,是培养掌握专业技能的高层次人才的场所。所以大学的学习对大学生的学习心理素质要求较高。而处在这个年龄段大学生的心理素质尚未完全成熟定型,所以面对由中学到大学学习的巨大变化,有些大学生在学习过程中产生种种问题,从而影响了大学学习的顺利进行。概括来说,大学生常见的学习问题主要包括以下几方面。

(一)学习适应不良

学习适应不良是大学新生中普遍存在的一种心理困惑。大学一年级学生学习成绩不理想与其学习适应不良往往有直接关系。学习适应不良若得不到有效克服,可能会给大学四年的学习埋下深深的阴影。

(二)学习过度焦虑

部分大学生存在过度的学习焦虑。造成学习过度焦虑的原因是多方面的。有些同学在环境影响下形成了不恰当的学习目标和抱负,或是希望通过学习保护自己的自尊心,而自信心又不足,于是心理压力很大。此外,个性偏敏感、易焦虑的大学生,往往容易产生学习过度焦虑。有些学生为了减轻学习焦虑,对学习采取回避、退缩的态度和方式,逃避、害怕、厌烦学习和考试。或是因心理压力过大,导致神经衰弱等心理障碍。

(三)学习心理疲劳

心理疲劳不同于生理疲劳,生理疲劳是由于肌肉活动过度,使血液中代谢废物(如二氧化碳和乳酸)增多,导致腰酸背痛、乏力等。心理疲劳是因为大脑细胞活动持续时间较长,而导致脑细胞处于抑制状态。学习心理疲劳在大学生中并不少见,学习心理疲劳若得不到及时有效的消除,不但影响学习效果,而且会使人精神状态不良,甚至引起神经衰弱等心理障碍。

(四)应试心理偏差

1.考试焦虑和怯场

考试焦虑是担心自己考试失败的高度忧虑的一种负情绪反应,考试怯场是考试焦虑在应试中的急性反应(图2-3)。考试焦虑和怯场的原因有以下几个方面。

第一是动机超强。

第二是缺乏自信。

第三是身心过度疲劳。

图2-3　考试怯场

2.作弊心理

作弊,在高校的考场上也会出现。每一次考试,总会有人不惜以身试法,并因此而受到处分。而助人作弊者也往往会受到牵连。可以说,作弊有百害而无一利。既欺人,又自欺。作弊不仅妨害良好校风的树立,更重要的是恶化了自己的人格品质,与大学生本应追求和拥有的真、善、美相去甚远。作弊还有另一方面的问题,就是助纣为虐。每当因作弊者被抓而自己也受到批评和处分时,那些帮别人作弊的人总是感到很委屈,甚至产生心理障碍(图2-4)。

图2-4 避免考试作弊

总之,无论出于什么心态、何种原因,作弊者的目的是一致的,就是得到自己所期望的分数:起码及格,力争优秀。所以,在利益的驱动和侥幸心理的支配下,一些人选择了这种错误的行为方式。

二、大学生的不良情绪心理问题

大学生的生活是紧张而又丰富多彩的。随着年龄的增长和活动范围的扩展,大学生内在需要的结构不断改组、重建,必然导致内心体验产生振荡变化。这种变化在反映出大学生强烈的进取精神和良好的情绪品质的同时,也暴露出许多弱点。例如,情绪极易受情境气氛的感染,产生冲动性、暴发性等。概括来说,大学生的不良情绪主要包括以下几种。

（一）狂喜

快乐的情绪对每个人都很重要,对人的身心健康和事业成功也是有益的。但一遇到高兴的事,就欣喜若狂,手舞足蹈,忘乎所以,没有节制,则会乐极生悲,起到相反的作用。

(二)焦虑

焦虑是指内心紧张、预感到似乎要发生某种不良后果时的一种不安情绪。焦虑情绪可能突然发生,也可能缓慢产生。产生焦虑情绪时,人们会感到内心有一种难以适应的紧张与恐惧。一般情况下,当造成情绪紧张的外部刺激消失后,紧张就会解除,机体就会恢复到原来的正常状态。怎样知道自己是否过分焦虑呢?从生理反应来看,出现心跳加快、出汗、失眠、食欲不振、神经过敏等表现;从心理行为来看,总觉得心慌意乱、坐立不安、浑身无力、情绪消沉、思维杂乱、注意力分散、做事急躁、言语激动等。当出现持续的上述反应后,若通过主观努力还无法消除时,就是过分的焦虑情绪了。焦虑情绪的产生往往与缺乏自信心和出现认知障碍等有密切关系。

(三)抑郁

抑郁是一种让人内心感到郁闷、孤寂、凄凉和悲哀或处处不如意的情绪体验。郁郁寡欢、愁绪满怀、意志消沉、自卑内疚,甚至日不思食、夜不能眠等,都是抑郁情绪的典型表现。抑郁情绪也有正常和不正常之分。正常的抑郁情绪大多与客观原因有密切联系,由偶尔的客观原因引起的抑郁情绪反应,往往不会影响人正常的学习和生活,而且经过一段时间后,这种情绪反应逐渐减弱甚至可以消失。而不正常的抑郁情绪则刚好相反:一是持续时间长;二是情绪低落但找不到明确原因,表现为"不知为什么,情绪总是很低落","对什么都不感兴趣",或是由一些轻微细小的生活事件引发,便感到杞人忧天或怨天尤人。人处于这种情绪状态下,什么良辰美景、花好月圆、轻歌曼舞等都变得毫无生机。

(四)自卑感

自卑是一种轻视自己或对自己不满意,认为自己不如别人的情绪体验。具有自卑感的人,往往具有内向、敏感和多疑等人格特征,在行为上则表现为少言寡语、不善于甚至不愿意与人交往、退缩等特点。

（五）冷漠

冷漠是一种对人和事都漠不关心的情绪体验。一般来讲,大学生正处于人生的金色年华,对于很多事情都会产生浓厚的兴趣并投入极大的热情。但有的大学生却表现出对一切都冷漠、无关痛痒的态度,这种情绪的产生大多与个体所处环境以及个性特点有很大关系,如家庭关系失和的体验,导致对亲情友情认知出现偏差,而不相信人间真情。冷漠的学生虽然表面上无动于衷、冷漠无情,但实际上内心却十分痛苦、孤寂。

（六）自负

自负是自以为了不起、比别人强、看不起别人的一种情绪体验。这是一种过度的自我接受的倾向。自负情绪的产生往往与对他人评价和自我评价有关。那些能力强、知识面广、机灵、小聪明、学习好、家庭条件优越的大学生容易产生自负情绪。还有的学生的自负情绪产生于对别人的过低评价和过高的自我评价。这样的学生往往只看到自己的长处和别人的短处,其后果可能是削弱上进心,学习成绩下降,也可能因此而造成人际关系紧张,严重的还会助长自私自利的心理。

三、大学生的人际交往心理问题

（一）注重横向交往,忽视纵向交往

横向交往是指大学生之间以及大学生与其他同龄人之间的交往,纵向交往是指大学生与老师、家长等长辈之间的代际交往。大学生交往的一个显著特点就是注重横向交往而忽视纵向交往。同学之间理想信念一致,兴趣爱好类同,有共同语言,他们渴望在同龄人中建立友谊,所以大学生普遍发展横向交往。在横向交往中,大学生能够相互砥砺,共同进步,相互学习。

师生关系亲密是中华民族的优良传统,老师不仅是学生的知识传授者,而且也是学生的做人楷模。与品德高尚、知识渊博的老师结成忘年之交,学生往往可以受益终身。但是,大学生不太注意与老师交往,除上课之外,其他时间很少与老师接触,有时甚至是故意回避,敬而远之。由于成人感和独立性的增强,大学生对于家长主要是在生活上依靠他们帮助,思想上的交流很少,事实上,大学生与长辈之间存在着"代沟"。

（二）交往需要迫切,主动精神欠缺

大学生交往需要的迫切性,一方面表现在交往需要的广度上,大学生希望广交朋友,不但想交校内朋友,而且想交社会朋友,渴望建立广泛的友谊。另一方面表现在交往需要的深度上。大学生也希望深交朋友,交知心朋友,能够推心置腹、交流情感,互相理解、互相帮助。大学生迫切的交往需要反映出他们现代交往意识的强化。

（三）交往内容丰富,哥们义气较重

大学生参与意识强,视野开阔,兴趣非常广泛,因而他们的交往活动内容丰富,形式多样。既有"官方"组织的各种正式社团,如政治型、学术型、兴趣型、服务型的学社、协会;也有"民间"自发的多种非正式群体,如地缘型、情感型、娱乐型、吃喝型的无形网络。从总体上看,大学生交往的内容是健康的,对人际关系和个性发展都起到积极作用。即使是非正式群体,其主流也是好的,必须予以肯定。值得注意的是,在非正式群体交往中存在"哥们义气"的庸俗化倾向。例如,见到哥们与人吵架,不问是非曲直,群起而攻之;更有甚者,无视学校纪律,考试联合作弊。大学生交往十分重视感情,这本是优点,但过分强调感情,甚至用感情代替理智,以哥们义气代替原则和纪律,这便成了缺点。

四、大学生的恋爱心理问题

（一）一见钟情

一见钟情是指短时间内突然发生的爱情,一见钟情的人往往彼此强烈地吸引,除了对对方的仪表、谈吐等外在特征欣赏外,还会伴有一定的生理体验与感受,如心怦怦乱跳、兴奋不已、不能自控,渴望得到对方(图2-5)。需要说明的是,一见钟情的浪漫爱情大多来自性本能的驱使,有时候只是一时的激动而很难长久。所以,要想爱情持久,必须保持清醒的头脑,在对对方有深刻的了解之后再投入感情。

图 2-5 一见钟情

（二）恋爱错觉

当好感、友情被错当成是爱情时，恋爱错觉便产生了。

好感与爱情是大学生在与异性交往中经常遇到又难以区分的两种感情。青年人在性发育成熟时，便对异性产生好感，开始产生寻求恋人的需要，这是人的自然本能。但大学生应该明白，并非所有异性之间的吸引都可以产生爱情。异性之间的好感一般来说是广泛的，而爱情则是专一的，具有排他性的特征。好感还常表现为人们一时出现的情境感受，而爱情则是表现出一种强烈的要与所爱的人共度此生的情感。

（三）单恋

单恋是指异性关系中的一方倾心于另一方，却得不到对方回报的单方面的畸形爱情（图2-6）。单恋是恋爱心理的一种认知和情感的偏差，它们会使当事人陷入痛苦的境地。单恋往往是一场误会，是爱情错觉的产物。

图 2-6　单恋

（四）三角恋

有的学生在寻求爱情的过程中，陷入三角恋的畸形恋爱中（图2-7），如果发生三角恋，三人之间将无法把精力投入到对对方的了解和感情加深上，而过多地纠缠于感情冲突中。此时的恋爱，很大程度上失去了正常恋爱的特征，而更多的是矛盾、痛苦、纠结等，令当事人烦恼不堪，也会给以后的恋爱生活留下阴影。恋爱失败的一方，由于嫉妒，则可能心灰意冷或焦躁不安，失去对生活和爱情的信心。三角恋中，最后的结局必然有人退出，因此三角恋只会导致不愉快和悲剧发生，对恋爱的三方有害无益。

图 2-7　三角恋

（五）网恋

网恋是指在网络空间里，异性之间形成和发展的一定程度的情感依恋关系（图 2-8）。随着互联网的发展，网恋成为当代大学生的新型情感交往方式。很多大学生认为，网恋是满足情感需要的一种方式。由于网恋是虚拟的，不会像现实生活那样沉重，而是会让自己感到轻松。超过一半的学生会在"失落""无聊"等情绪状态下发生网恋问题。但对于网恋问题，学校应对学生进行合理的引导。

图 2-8　网恋

（六）失恋

失恋是指恋爱受挫、失败（图2-9）。恋爱失败是正常的事情。失恋引起的主要情绪反应是痛苦和烦恼,失恋者的心态一般表现为以下几种特征。

第一,心境恶劣。

第二,行为反常。

第三,精神错乱。

第四,报复。

第五,自杀。

图2-9　失恋

第三节　提高大学生心理健康水平的途径

一、形成积极认知

认识自我、悦纳自我、延伸自我和创造自我,是健康人格的四步曲。具有自知的人能够客观地分析自己,会有效地利用个人资源,发挥个人长处,努力完善自我。人的自我塑造伴随人的一生,需要不懈地为之努力。

二、增强自信心

自信心是一个人对自己积极的感受。无论遇到什么事情,只要保持自信,都有可能从失败中解脱出来,重新出发。拥有自信对个体具有重要意义。概括来说,可以通过以下几方面来增强自信。

第一,要明确知道自己的长处。

第二,要时刻看到自己的进步。

第三,要经常鼓励自己。

第四,要对于自己出现的错误积极寻找原因,无论是什么原因,都不要厌恶自己,而是积极想办法处理。

三、培养学习兴趣

学习是一项长期的、需要大学生大量付出的劳动,但是这样的劳动是有乐趣的,而且是高层次的乐趣。相对于吃饱、喝足、穿好、住好等低层次的满足而言,学习的满足是人们更高层次的需求,即充分发展自己的能力、实现个人价值。在学习的过程中,体验到自己的知识不断积累,能力逐渐提高,智力充分发展,人生目的逐渐实现,都可以带来高层次的乐趣与满足。在学习活动中去体验这些乐趣,大学生应以学习为乐,而不是以学习为苦,才能够培养学习的兴趣,主动学习,而不是迫于学校、老师或者家长的压力学习。

四、完善自我意志

良好的意志品质会使个体成为一个意志坚定的人。要培养一个人的坚定意志,需要做到以下几方面。

第一,树立正确的行动目标。

第二,加强意志的自我锻炼。

第三,在实践活动中取得锻炼意志品质的直接经验。

五、培养良好情绪

情绪作为一种基本的心理过程,对个体的生活、学习、工作有着很大的影响。情绪既是一种主观体验,也是一种人格特征,它直接影响到人们活动的方向、行为的选择和稳定人格的形成。良好的情绪有利于乐观、亲和、宽容等人格品质的形成,对健康人格的形成起着至关重要的作用。一个拥有健康人格的人一定是善于管理情绪的人。纵观古今中外,学者们无一不将良好情绪作为心理健康的标准之一。

六、加强人际交往

发展良好的人际关系对塑造大学生健全人格是至关重要的。

第一,在与人交往互动的过程中,可以更好地以他人的人格特征或信息反馈为参照,全面客观地认识自身人格的优劣。

第二,可以将那些具有优良人格品质的对象作为自我完善和提升的榜样。

第三,可以从多角度、多方面审视自己,适时地对自己做出有针对性的调整,使自己的品质更加完善。

第四,可以培养自己宽容、博爱的心态,学会以感恩的心去对待一切事物,使自己的人格得到升华。

七、培养良好心态

心态是指人的心理状态,它包括积极心态和消极心态两种。积极的心态有助于人们发挥潜能、积聚力量、克服困难、获得成功、拥有健康和快乐。人生的好坏取决于心态。大学生应该对身边的人或事常怀一颗感恩的心,要感谢生活赐予我们的美好,学会珍惜所拥有的一切。相信他人的真诚和关爱,懂得奉献和回报,这样才能感受到身边的幸福;只有心存感激,产生对生活和一切美好事物的信念和向往,保持积极乐观的心态,才会获得力量。

八、培养良好的行为习惯

习惯是个体长期形成的、一时难以改变的行为方式,是生活中相对稳定的部分。良好的习惯对于大学生人格、品质的健全发展具有积极的影响。良好习惯的养成,是反复行动的结果。只有开始行动,才有可能使愿望、计划、目标得以实现。大学生要养成良好的习惯、克服惰性情绪,就必须积极行动起来,要牢记只有行动才有可能取得成功。大学生要养成良好的习惯,要做好计划,把握好进度,由易到难循序渐进。在培养良好习惯的行动过程中,需要给自己适当地设置一些奖惩措施,这样可以激励自己坚持行动计划,保持进取的心态。

九、培养健康的恋爱观

(一)摆正爱情与学业的关系

大学时期是大学生人格全面发展的重要时期,也是夯实专业基础的时期。学生的首要任务是学习,应当把主要精力放在学习上。如果大学生只知道沉湎于情爱之中,而丧失了追求学业的热情,也就丧失了全面发展自己的大好时机。如果将来无法在社会立足,没有了物质基础,又怎会有幸福的爱情。

(二)履行恋爱过程中的道德义务

男女双方一旦有了恋爱关系,就有责任共同承担这一关系所包含的各种义务。爱是一种给予,它蕴藏着对对方强烈的责任感和义务感,它要求恋爱双方的所作所为都必须向对方负责,这是恋爱道德最突出的表现,也是一种负责任的表现。

十、培养健康文明的恋爱行为

(一)谈吐高雅

交谈中要真诚坦率,不要为显示自己而装腔作势,矫揉造作,否则会令人生厌,不利于感情的发展。

（二）平等相待

在恋爱过程中，双方一定要平等相待，千万不要拿自己的优点去比对方的不足，也不要想方设法去考验对方，更不要因为对方的某一失误而挖苦对方，这样做的后果只能引起对方的不满和反感，对恋爱产生消极的作用。现实生活中的每个人都是有自尊心的，都希望得到别人的尊重，尤其是与自己恋爱的一方，所以，在恋爱过程中一定要学会平等相待。

（三）行为大方

恋爱中的男女会逐渐从一时的羞涩与紧张走向自然、大方的交往，不过这期间尤其要检点行为举止，如果过早有亲昵行为可能会产生不良影响。

（四）控制感情

异性吸引，在动物界和人类社会都是普遍的现象，但人类与动物不同，动物异性之间的吸引是一种本能的反应，目的是为了实现交配进而完成种族的繁衍；人类社会的两性吸引除了具有生殖价值外，还有心理、社会和文化的意义。因此，大学生在恋爱过程中要注意用理智控制情感，使爱情沿着健康的方向发展。

第三章　大学生安全教育研究

　　人类从诞生的那一天开始,就必须面对安全问题,安全是人类生存和发展最基本的需求,也是社会存在、发展的前提条件,对大学生进行安全教育,让大学生学习安全防范知识,增强防范意识,掌握防范技能,提高防范能力,有利于创建一个安全稳定、健康有序、文明和谐的校园环境。

第一节　安全教育的内涵

一、安全的重要性

安全是人们的基本需求之一，生活中无处不需要安全。美国著名心理学家亚伯拉罕·马斯洛把人类的需求从低到高分为五个层次（图 3-1）。

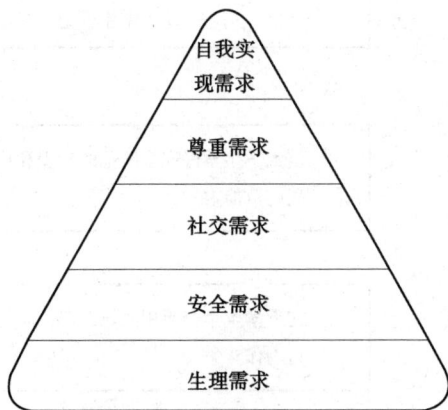

图 3-1　马斯洛需求层次理论

只有在第一层次的需求得到满足时才能产生高一层次的需求。他认为，人首先必须满足生理需求，即对吃饭、穿衣、住所的需求是人类最基本的需求，民以食为天。马斯洛把人类对安全的需求列为仅次于生理需求而优先于其他需求。由此可见，安全是社会存在和发展的前提条件。

二、大学生安全教育的目的

通过对大学生进行安全教育可以达到图 3-2 所列的目的。

```
┌──────┐        ┌─────────────────────────────────┐
│ 大    │───────│ 优化育人环境，促进高校精神文明建设  │
│ 学    │       └─────────────────────────────────┘
│ 生    │
│ 安    │       ┌─────────────────────────────────┐
│ 全    │───────│ 使大学生树立正确的人生观、价值观    │
│ 教    │       └─────────────────────────────────┘
│ 育    │
│ 的    │       ┌─────────────────────────────────┐
│ 目    │───────│ 使大学生遵纪守法                  │
│ 的    │       └─────────────────────────────────┘
│       │
│       │       ┌─────────────────────────────────┐
│       │───────│ 使大学生学好安全防范的知识和技能，增强自 │
│       │       │ 我防范能力                        │
│       │       └─────────────────────────────────┘
│       │
│       │       ┌─────────────────────────────────┐
│       │───────│ 使大学生学会运用法律武器，同各种违法犯罪 │
│       │       │ 行为作斗争                        │
│       │       └─────────────────────────────────┘
│       │
│       │       ┌─────────────────────────────────┐
└──────┘───────│ 维护大学生的心理健康，促进其身心协调发展 │
                └─────────────────────────────────┘
```

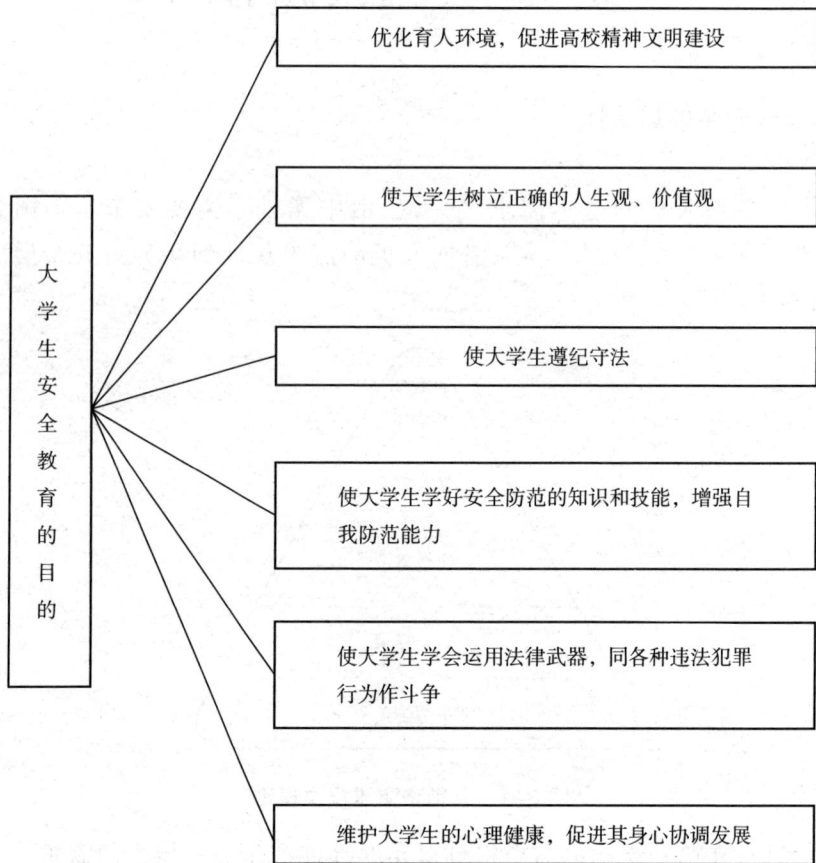

图 3-2　大学生安全教育的目的

三、大学生安全教育的意义

对大学生进行安全教育具有重要意义，概括来说主要包括图 3-3 中的几方面。

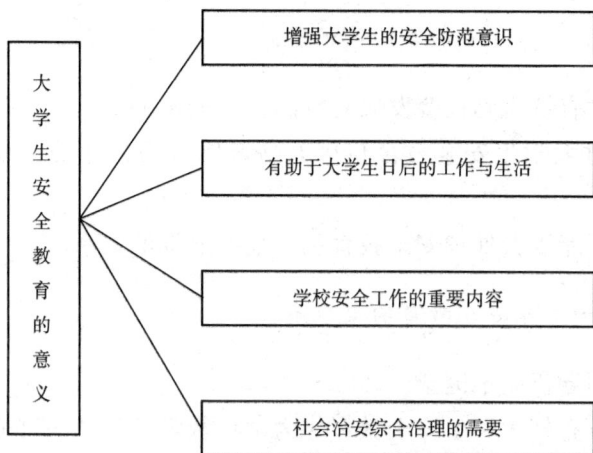

图 3-3　大学生安全教育的意义

第二节　安全教育的必要性

一、大学生安全教育存在的主要问题

现阶段大学生安全教育存在诸多问题,总结起来,主要有图 3-4 所列的三个方面。

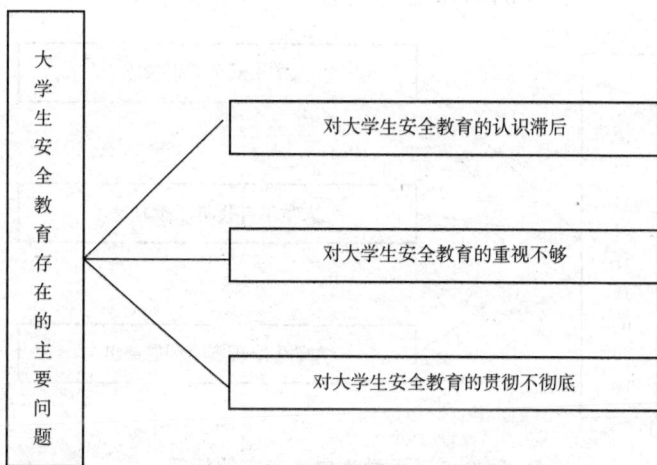

图 3-4　大学生安全教育存在的主要问题

（一）对大学生安全教育的认识滞后

第一，没有认识到社会发展对校园安全的影响。

第二，对大学生安全教育与培养高素质合格人才的关系认识不够深刻。

第三，不能妥善处理安全教育和其他专业课的关系。

（二）对大学生安全教育的重视不够

第一，领导机制不健全。

第二，没有把大学生安全教育作为学校教学工作的一部分。

第三，没有把大学生安全教育纳入教学计划。

（三）对大学生安全教育的贯彻不彻底

第一，安全教育手段落后。

第二，安全教育制度不健全。

第三，安全教育不够系统。

第四，对大学生安全教育有实用主义倾向。

二、大学生自身存在的问题

大学生自身存在的问题主要包括以下几方面（图 3-5）。

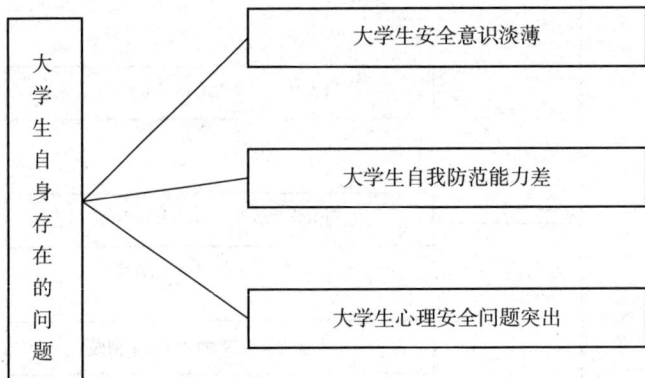

图 3-5　大学生自身存在的问题

（一）大学生安全意识淡薄

很多大学生觉得自己的任务就是专心学习基本的专业文化知识，而认为安全知识学不学都无所谓，认为自己已经知道了很多安全知识，这种观点显然是错误的。事实上，大学生的安全意识还相对淡薄，具体来说主要表现在以下几方面。

1. 交友不慎

每个人都必须合理构建自身所拥有的社会关系。刚刚步入大学的新生，社会交往较少，社会经验缺乏，尤其需要谨慎交友。同学之间需要互相关心，互相帮助，共同完成学业，但是交往不能只顾感情，还应该具有一定的防范意识，尤其是要谨慎对待网络交友。

2. 轻信陌生人

大学生缺乏社会经验，有时会轻易相信陌生人的话，轻率地向陌生人谈起自己或者自己的亲属、朋友、同学的有关情况，还有的大学生把陌生人带到学校、宿舍，甚至留宿，结果不但自己上当受骗，还连累其他人。

3. 自我管理能力差

有些大学生不管是在宿舍还是在教室、图书馆、体育馆（场）、食堂等公共场所，书包、贵重物品都随意放，为犯罪分子提供了条件。

4. 安全意识欠缺

有高校发生的盗窃案件中，入室盗窃案件居多，而尤以学生宿舍发案最多。这是因为宿舍是学生学习和居住的地方，人员密集，存放贵重物品集中，是犯罪分子侵财作案的主要目标。而有些大学生缺乏安全意识，离开宿舍时不锁门关窗，客观上给犯罪分子创造了作案的条件。

（二）自我防范能力差

事实表明，由于学生本人安全防范意识淡薄造成的人身伤害的比例还是很大的。目前，我国大学生的平均年龄在 20 岁左右，这一年龄阶段正是人生的关键时期，也是人身安全问题的多发期。大学生一直生活在学校,对于社会的复杂性知之甚少,给违法犯罪分子造成可乘之机,一旦发生问题,往往又不知所措,处理不当,所受伤害还会加重。

（三）大学生心理安全问题突出

由于生活节奏加快、社会压力加大以及家庭环境和个人经历等诸多原因,产生心理障碍和心理疾患的大学生日益增多。同时,因年轻、单纯、好奇心重,大学生极易受不健康文化的诱惑、误导或"黄赌毒"的危害。

三、大学校园安全问题

大学,对于莘莘学子而言都是一个熠熠生辉的字眼,一个令人魂牵梦绕的地方。但是在大学校园中也存在着一些安全问题,这主要表现在图 3-6 中的几方面。

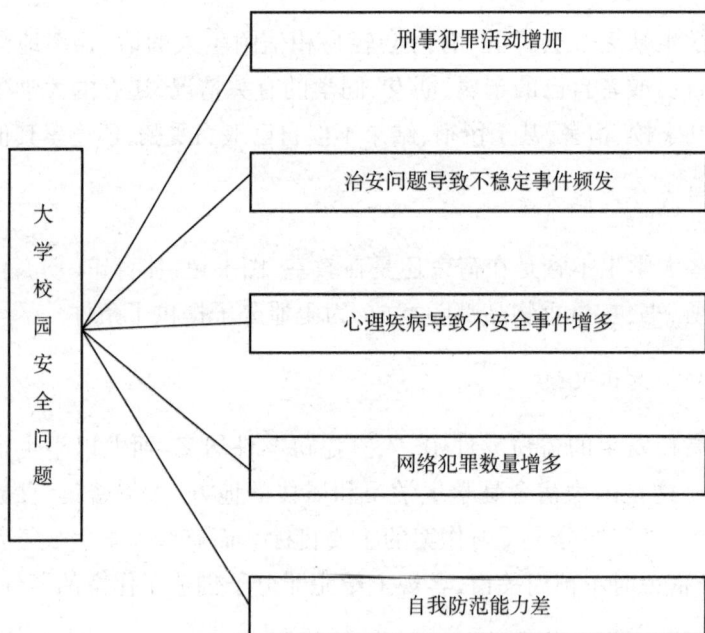

图 3-6　大学生校园安全问题

第三节　安全教育的内容

大学生安全教育的内容有很多,下面仅对几个主要方面进行研究。

一、国家安全教育

作为一名大学生,应当成为国家安全和利益的自觉维护者,要始终树立国家利益高于一切的观念,熟悉有关国家安全的法律、法规,善于识别各种伪装,要严守党和国家秘密,自觉同泄密行为和泄密行径做斗争。高校作为人才汇集的场所和培养人才的重要基地,向来是国内外敌对势力争夺和破坏的重要目标。对此,大学生要提高警惕,明辨是非,时刻保持头脑清醒。在发现敌人的破坏活动时要积极向有关部门提供线索,同时与敌人进行坚决的斗争,维护学校的安定团结。

(一)国家安全的概念

国家安全是社会政治权利组织的国家及其所建立的社会制度的生存和发展的保障。任何境外机构、组织、个人实施或者指使他人实施的,或者境内组织、个人与境外机构组织、个人相勾结实施的危害中华人民共和国国家安全的行为均被视为危害国家安全的行为。

(二)国家安全的构成

国家安全的构成较为复杂,包括国民安全、领土安全、经济安全、主权安全、政治安全、军事安全、文化安全、科技安全、生态安全、信息安全等多个层面,但从历史的惯性和世界的现实来看,政治安全、经济安全、文化安全、军事安全、科技安全以及社会公共安全是当代国家安全的最主要方面(图3-7)。

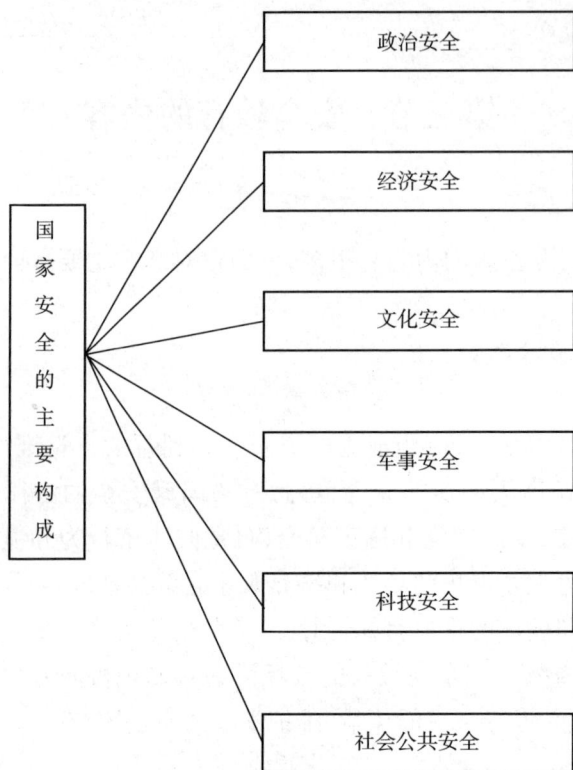

图 3-7　国家安全的主要构成

1. 政治安全

政治安全是指国家保障基本政治制度与体制的安全。政治安全的主体是国家的基本制度、政治体制及其主导这种制度与体制的主体意识形态。它要求国家确立的基本制度得以保持,政治体制要相对稳定,主体意识形态得以维护。

2. 经济安全

经济安全是国家安全的基础,是指国民经济能够抗御国内外各种经济风险而保持平稳有序运行的态势,包括金融安全、能源安全、贸易安全、粮食安全等。事实证明,改革开放是经济繁荣的必由之路,如何在开放中防范外部因素对经济安全的威胁,是对一个国家政府能力的考验,绝不能因存在外部威胁而关闭国门,因噎废食只会自取灭亡。

3. 文化安全

文化安全是指一国人民能够独立自主地选择自己的价值观念、文化制度、独立自主地控制和利用自己的文化资源。每一个国家、每一个民族都有自身认同的传统文化,它贯穿于国家的政治、经济活动以及人们的日常生活之中。事实上,文化往往是国家政治的基础,一国的政治信念、战略目标、对内对外政策等,无不体现出传统文化的倾向与特征。从某种角度看,国家安全在一定程度上是一种文化价值体系的安全,尤其是对于一个大国,国家安全必然基于自身认同的文化安全,强调保全自身相对独立的文化价值体系与观念。中国在捍卫国家安全过程中,必然会涉及文化领域的安全。

4. 军事安全

军事安全常常被称为国防安全或领土安全,是指一个国家免于军事入侵和军事威胁。要让国家免于战争和军事冲突,是国家安全中最传统、最基本的内容。但至今还有某些工作部门或人士将国家安全片面地理解为军事安全。军事安全的目标是运用军事力量保卫本国的领土、边界不受侵犯,保卫国家、民族、人民生存基础的安全。对军事安全的最大威胁莫过于战争,各国政治家们在认识本国安全环境时,首先从军事角度看问题,是否存在军事入侵的危险,因而,往往会将军事安全放在国家安全的首要地位。

5. 科技安全

科学技术与国家安全越来越显示出紧密的关系。一些发达国家凭借其掌握的科学技术力量,不是在世界事务中发挥积极作用,相反总是以"实现国际社会的法制和秩序"为掩护,无理要求发展中国家出让部分国家主权与其进行国际合作,以牺牲别国主权利益来维护其自身利益,这种做法不利于国与国之间的友好合作。

由于科技已经成为综合国力的重要标志,它在很大程度上决定了国家的发展进程,为使国家跻身于强国之列,许多国家纷纷推出科技强国战略,使国家与国家之间围绕科学技术展开竞争。这既需要获取先进的科学技术,同时又要保护本国的科学技术成果,形成了另外类型的科技安全问题。

6. 社会公共安全

社会公共安全是国家预防、控制、处理各种违法犯罪活动和突发灾害事故，以保障社会正常的工作和生活秩序，保护国家和人民生命财产安全。社会公共安全不仅包括传统意义上的社会治安，还包括越来越重要的生产安全、公共卫生安全和食品药品安全等。

（三）危害国家安全的常用手段

概括来说，危害国家安全的常用手段主要有以下几种。

第一，策划成立旨在预谋分裂中国、推翻社会主义制度的暴力集团、恐怖组织、反动宗教团体、社会团体和企事业单位，或为其提供经费、场地和物资等支持。境内敌对分子为达到个人的某种目的，往往与境外敌对分子相勾结，主动为他们提供国家秘密或情报。

第二，通过书刊、广播、音像、传单、通信等途径，编造谣言，借题发挥，以偏概全，挑拨离间，虚张声势，进行反动"心战"宣传，扰乱师生员工的心绪，煽动不满情绪，实现其颠覆、破坏的目的。

第三，利用各种渠道，以公开或秘密的方式，灌输西方的政治、经济模式、价值观念及腐朽的生活方式，培养"和平演变"的"内应力量"。

第四，采取金钱物质引诱、许诺出国担保、色情勾引、抓其把柄等手法，或打着学术交流、参观访问、照相留念等幌子，收买或者窃取我国政治、经济、军事、科技、文化等方面的秘密。

（四）大学生维护国家安全的具体方法

大学生维护国家安全的具体方法如图 3-8 所示。

1. 树立国家安全意识

有国家就有国家安全工作，古今中外，概莫能外。大学生要自觉树立国家安全意识，具体而言，应做到以下几点：

（1）要始终树立国家利益高于一切的观念；

（2）要善于识别各种伪装；

（3）要积极配合国家安全机关的工作；

（4）要努力熟悉有关国家安全的法律、法规；

（5）要严守党和国家秘密，自觉地同泄密行为和窃密行径进行斗争；

（6）要克服妄自菲薄、崇洋媚外等不正确思想；

（7）收到各种反动宣传品，不要传看，要及时交到学校保卫部门；

（8）注意对外交往。

```
                              ┌─────────────────────┐
                              │   树立国家安全意识    │
                              └─────────────────────┘
 大
 学
 生                           ┌─────────────────────┐
 维                           │  掌握国家安全法律知识  │
 护                           └─────────────────────┘
 国
 家
 安                           ┌─────────────────────┐
 全                           │ 自觉履行维护国家安全的义务 │
 的                           └─────────────────────┘
 具
 体
 方                           ┌─────────────────────┐
 法                           │  及时制止不利于国家的行为 │
                              └─────────────────────┘
```

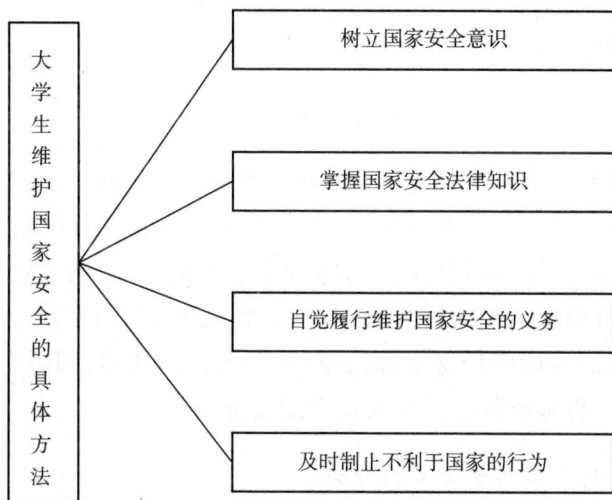

图 3-8　大学生维护国家安全的具体方法

在对外交往中，大学生应做到以下几个方面。

第一，不和外国人中的不法分子交往。

第二，不与外国人勾结，进行走私倒卖活动。

第三，不向外国人索要财物，借阅黄色书刊。

第四，忠于祖国，站稳立场，坚持原则，不向外国人散布不满言论或攻击党和社会主义制度的言论。

第五，提高警惕，不随意同外国人谈论我国内部情况，泄露党和国家的秘密。

第六，不托外国人套购市场短缺商品，捎带违反有关规定的物品。

第七，当收到国外寄来的信件中夹有反动宣传品时，不在周围的同学中传看，不扩大影响范围，要立即口头或书面向学校保卫部门报告，并将夹寄的反动宣传品交由学校保卫部门处理。

2. 掌握国家安全法律知识

法律是维护国家安全的重要手段。我国在《中华人民共和国宪法》《中华人民共和国刑法》《中华人民共和国国家安全法》《中华人民共和国国防法》《中华人民共和国保密法》等法律法规中,规定了维护国家安全的内容,这就要求公民必须了解国家安全法律制度,掌握国家安全法律,承担维护国家安全的责任。

3. 自觉履行维护国家安全的义务

高校作为人才汇集的场所和培养人才的重要基地,向来是国内外敌对势力争夺和破坏的重要目标,他们寻找各种机会进行反动宣传,散布谣言,制造事端,煽动闹事,唯恐学校不乱。对此,广大同学要提高警惕,明辨是非,时刻保持头脑清醒,不上当受骗,不被坏人利用。发现敌人的破坏活动要及时向学校保卫部门反映,积极提供线索,同时与敌人进行坚决的斗争,自觉履行维护国家安全的义务。

4. 及时制止不利于国家的行为

大学生一旦发现外教或外籍人员在不恰当的场所宣扬西方的"自由""民主""人权",散布极端的个人主义和无政府主义思潮,宣传西方物质文明及拜金主义等,要立即制止。

二、安全用电教育

(一)大学生触电事故的类型

大学生触电事故的类型主要包括以下几方面(表3-1)。

(二)大学生触电事故的预防

1. 熟悉用电安全的标志

明确统一的标志是保证用电安全的一项重要措施,我们一定要学会正确识别。用电安全的标志如图3-9所示。

表 3-1　大学生触电事故的类型

类型	具体阐述
单相触电	人体接触一根火线所造成的事故叫单相触电。单相触电又分电网中性点接地的单相触电和中性点不接地的单相触电两种，其电网中性点接地的单相触电，人体承受的电压为 220 伏，触电的后果较严重
两相触电	人体同时接触两根火线所造成的触电为两相触电，这种触电最危险
雷电触电	雷电触电是指雷雨、云对地面突出物产生放电的现象，这是一种特殊的触电方式。雷击感应电压极高，会造成人员伤亡、设施损坏
跨步电压触电	三相电线偶有一根电线断落在地面，电流在落地点形成一个强电场，此电场的强弱与所处位置和电线落地点的距离有关，当两脚所处位置不同时，两脚之间会形成一个电压差，如果这个电压差较大，就会对人体造成伤害

图 3-9　用电安全的标志

2. 养成良好的行为习惯

（1）养成良好的习惯，做到人走断电。

（2）如果发现电线断线落地，不要靠近，应就近报告电力部门处理。不要出于好奇随便开启开关箱和配电柜。

（3）一个多用插座上，不要插过多的电器（图 3-10）。

（4）按照电路实际电流强度选用合适的保险丝，严禁用铜线或铁丝代替。

（5）把好产品质量关，购买电器用具要选正规厂家的优质产品。

（6）不要强拉硬扯电线（图 3-11）。发现电路或设备有故障，要请专业人员维修，不要擅自拆装和修理。

图 3-10　一个插座上插了过多电器

图 3-11　强拉硬扯电线

（7）不要用湿手接触电器及开关、插座（图 3-12），操作电器设备最好用右手，触摸设备先用手背试一试是否漏电。

图 3-12　湿手接触电器、开关、插座

3. 掌握安全用电的相关技术

安全用电的相关技术如表 3-2 所示。

表 3-2　安全用电的相关技术

相关技术	具体阐述
绝缘	绝缘是指为了防止人体触电,用塑料、橡胶、瓷、云母等绝缘物把带电体封闭起来
屏护	屏护是指用遮拦、护盖箱等将带电体保护起来,保持带电体与外界一定的安全距离,从而达到防止触电的目的
接地	接地是指将电气设备正常时不带电的部分与大地相连接。如电机、变压器、开关设备、照明灯具的金属外壳都应该接地
接零	接零是指将电气设备中正常情况下不带电的金属部分与电网的零线相连接。还应注意的是,零线回路中不允许装设熔断器和开关

三、人身财产安全教育

（一）大学生人身财产安全的主要威胁

大学生人身财产安全的主要威胁如图 3-13 所示。

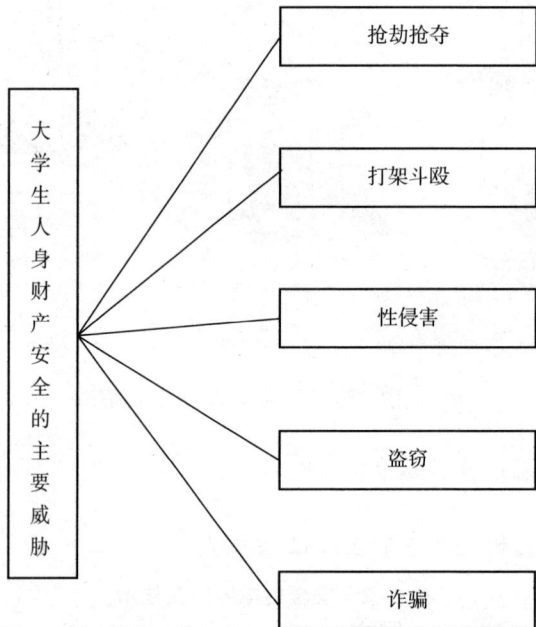

图 3-13　大学生人身财产安全的主要威胁

（二）大学生人身财产安全侵害的预防

1.抢劫抢夺的预防

（1）增强自我防范意识，保护好所有私人财产，不要在公众场所夸大、炫耀自我或财富。

（2）外出时尽量不要携带过多的现金和贵重物品，可携带少量现金，将其余现金存入银行卡中携带。

（3）尽量不要在夜深人静或午休时独自外出，注意结伴而行。尽量避免深夜滞留在外不归或晚归。

（4）穿戴适宜，尽量使自己活动方便。独自一人时不要显露出过于胆怯害怕的神情；在偏僻处时，要习惯性地环顾一下，防止有陌生人尾随实施抢劫抢夺。

（5）对到宿舍内声称是送促销品的人员，要先查明身份，提高警惕。

（6）遇到民警查验身份时，要知道正式民警一般情况下都会着警服或有校方人员陪同，必要时可要求对方出示警官证，防止坏人冒充民警抢劫抢夺作案。

（7）到银行存取款项应有人陪同。

（8）平时提高防范意识。检查加固宿舍等防范措施，对上门的陌生人要严加盘问，不要随便开门。对陌生人不要过于亲近，不要让陌生人知道你带有巨款和贵重首饰等，也不要接受陌生人请吃的东西。

2. 打架斗殴的预防

（1）树立安全意识，远离危险游戏。人身安全危机无处不在，有时甚至在游戏中都会有伤害事故发生，如许多学生迷恋一种"死亡游戏"，据说可以体验到死亡时的感觉，很刺激，殊不知，这其中充满了安全隐患。因此，同学们要积极参加学校的安全教育，认真学习必要的安全知识，提高自己的防范意识和能力。

（2）团结同学，营造良好的人际环境。注意与同学搞好团结，与校外人员的交往应有度，避免交往一些"不三不四"的朋友，男女之间交友要慎重。"同过学，下过乡，一起扛过枪"是目前人们对好朋友的理解，可见，同学间的友谊是很珍贵的，所以同学们应珍惜这份感情。同学友谊不但能减少同学之间的摩擦、化解矛盾、减少伤害等，而且在遇到伤害时，同学们会在第一时间提供帮助。

（3）要有法制观念。不做违法违纪的事，不侵害他人利益，不影响他人正常学习和休息。

（4）特殊时间要特别注意防范人身伤害。老师不在学校时、天气炎热时、毕业离校时等，往往是学生情绪不稳定的时期，极易造成人际交往危机，从而导致人身伤害。对待人身危机，要注意防止"特殊时间容易给你特别的伤害"。

（5）特殊场所要特别注意防范人身伤害。如学生上学放学途中、校园内施工工地、人员稀少的专用教室或实验室内、闲暇时的活动中心、校内的花园、树林、操场等,都是容易发生人身伤害的特殊场所。同学们在这些特殊场所时要高度注意防范人身伤害。

3. 性侵害的预防

（1）时刻明白自己的身份,珍惜自己,爱护自己,在谈恋爱时要把握一定的度。

（2）避免自己独自在晚上出门。

（3）对于陌生男子要有一定的防范意识,不随意和他人过于亲近。

（4）在遇到危险时懂得自我保护,提高自我保护能力。

4. 盗窃的预防

（1）保管好自己的贵重物品。

（2）现金要及时存入银行,尤其是数额较大时要及时储蓄,设置密码。

（3）存折和储蓄卡的密码及卡号要保密。

（4）存折和储蓄卡的密码最好不设为自己的出生年月或电话号码,防止被破解密码盗取。

（5）严格宿舍楼管理,加强值班。

可成立学生会治保委员会,由同学们轮流在宿舍楼值班。值班时应该注意以下几方面。

第一,要尽快熟悉宿舍人员。对面孔陌生的人可问:"请问您来找谁?"或"请问您是哪个系的?"态度应和蔼,但警惕性要高。答的不对,则要多加盘问或不准其进宿舍。

第二,值班时注意力要集中,见到可疑人多询问。盗窃分子大多做贼心虚,值班人如能做到勤查、勤问,则能使其知难而退。

第三,宿舍进出人员很多,要掌握一定的时间规律。如同学们都去上课的时间,对进出入的人多加注意;课间休息时间进出人多时,更要留心陌生人和可疑人出入。

第四,宿舍同学要养成随手关门、锁门的习惯。一般情况下,不要留宿外人。注意保管好自己的钥匙,不要随便借给他人。如果宿舍管理混乱,要及时向学生管理部门反映,加强管理。

第五,对形迹可疑者,应禁止入内,学生以外的人应登记方可入内。通常本宿舍的人多直接回自己寝室,而窃贼则喜欢在走廊里慢慢徘徊,伺机作案。发现可疑情况可把人带到值班室,给保卫部门打电话,遇到紧急情况可大声呼叫宿舍同学出来帮助。

第六,不能随便留宿不知底细的人,以避免引贼入室。

第七,对携物外出者,一律要问明情况,查验证件,并进行记录。

第八,注意保管好自己的寝室钥匙,要做到换人换锁,不要随手乱放或随意将钥匙借给他人。

5. 诈骗的预防

目前,学校的诈骗案件呈上升趋势,针对诈骗案件的特点及手段,学生应采取以下有效措施进行预防。

(1)提高警惕。

(2)做到遇事不慌忙,不感情用事。

(3)识破骗子身份伪装。

(4)切忌贪小便宜。

(5)注意对陌生人的询问,不要主动答话,防止被骗。对陌生人提出的求助要求,应当尽力回避,不给作案分子可乘之机。

(6)与家长达成共识。告诉家长接到有关自己需要用钱的电话不要答应对方的要求,需先搞清楚事情的缘由。

四、大学生交通安全教育

(一)大学生交通安全事故发生的原因

大学生发生交通事故的原因有很多,主要包括以下几方面。

(1)缺乏交通安全知识。

(2)存在侥幸心理。

(3)缺乏交通安全意识。

(4)不走人行横道、天桥,随意横穿马路。

(5)不走人行横道,不靠右边行走。

(6)在车行道、桥梁、隧道上追逐、玩耍、打闹。

（7）骑车双手离把。

（8）不注意道路和车辆信号，不服从交通管理。

（9）追逐打闹，三五并行。

（10）穿越、攀登、跨越道路隔离栏。

（11）横穿铁路和钻火车。

（12）在人行道、机动车道骑车，逆行骑车。

（13）在铁轨上行走、玩耍。

（14）不听从铁道口管理和信号管理。

（15）手攀机动车行驶，紧跟机动车行驶。

（二）大学生交通事故的预防

1. 熟悉交通标志

交通标志可以分为以下四类。

（1）警告标志。警告标志是警告车辆和行人注意危险地点的标志。其颜色为黄底、黑边、黑图案，形状为正等边三角形，如图3-14所示。

（2）禁令标志。禁令标志是禁止或限制车辆、行人交通行为的标志。其形状通常为圆形，个别为八角形或顶点向下的等边三角形，如图3-15所示。

（3）指示标志。指示标志是指示车辆、行人行进的标志，其颜色为蓝底、白图案，形状为圆形、正方形或长方形，如图3-16所示。

（4）指路标志。指路标志是传递道路方向、地点、距离信息的标志。其颜色一般道路为蓝底白图案，高速公路为绿底白图案。形状通常为长方形和正方形，如图3-17所示。

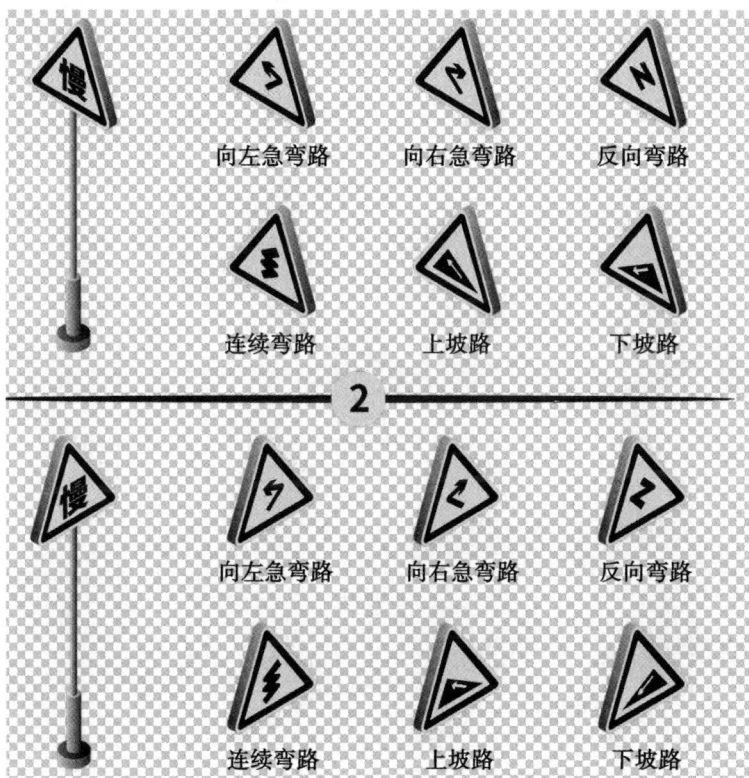

向左急弯路　　　向右急弯路　　　反向弯路

连续弯路　　　上坡路　　　下坡路

向左急弯路　　　向右急弯路　　　反向弯路

连续弯路　　　上坡路　　　下坡路

图 3-14　警告标志

禁止通行　　　禁止驶入　　　禁止机动车行驶

禁止机非动车行驶　　　禁止行人通行　　　禁止左转弯

图 3-15　禁令标志

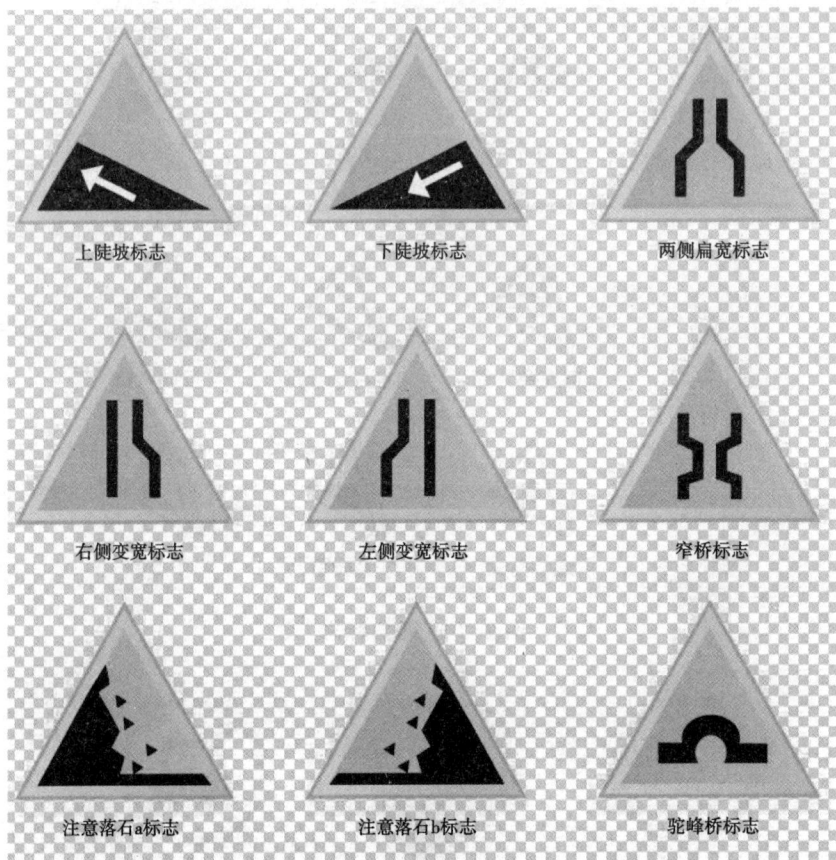

图 3-16　指示标志

2. 各种交通事故的预防

大学生要预防交通事故,保证交通安全,最重要的就是大学生本身要做好防范工作,可以从以下几方面着手。

图 3-17　指路标志

（1）步行时的预防。

第一，不要进入高速公路行走。

第二，应当在人行道内行走，没有人行道的靠路边行走。

第三，雾天、阴雨天最好穿颜色鲜艳的衣服、雨衣。

第四，不得跨越、倚坐道路隔离设施。

第五，穿越马路时要走直线，不要突然横穿马路。

第六，在马路上不要边走路边看手机。

（2）乘车时的预防。

第一，不携带易燃、易爆等危险物品乘车。

第二，不乘坐黑车。黑车的驾驶员在驾驶时，既要观察路边是否有乘客，又要观察是否有交警或行政执法大队、运管处工作人员，导致较多的不稳定因素的出现，潜在的危险性很大。

第三，乘坐货运机车时，不站立，不坐在车厢、栏板上。

第四，车辆行驶中不与驾驶员闲谈或者有妨碍驾驶员安全操作的行为。

第五，高速公路上，车辆因故障不能离开车道或者发生交通事故时，乘车人必须迅速转移到右侧路边上。除执行任务的交通警察外，禁止任何人在高速公路上拦截车辆。

（3）驾驶机动车时的预防。

第一，驾驶机动车行驶，车速、超车、载人过交叉路口等都必须严格遵守交通法规。

第二，路过人行横道时应减速或避让。

第三，机动车辆不准乱停乱放。

第四，不得酒后驾车，不得无证驾车，不得驾驶有故障的车。

（4）骑非机动车时的预防。

第一，千万不能进入高速公路骑车。

第二，应当在非机动车道内行驶。

第三，在通过有红绿灯的交叉路口时，要遵守交通信号。

第四，出行前要先检查一下车辆的铃、闸等部件是否齐全有效，确保没有问题方可上路。

第五，不要强行猛拐弯，不做危险动作。

（5）校园内交通事故的预防。

由于校园内路面窄、拐弯多、人员流量大，所以不论是步行、骑车还是驾驶机动车，都要注意观察，缓速慢行，遇人避让，认真遵守学校交通安全管理规定。大学生尤其应注意不要在路上，特别是拐弯处嬉戏打闹、踢球、滑滑板等。

第四章　大学生职业生涯规划教育

大学生的职业生涯规划是大学生步入职场的准备工作。从跨进校门的那一刻开始，大学生就有很多知识需要学习，很多经验需要积累，而要在有限的时间内提升自身的综合素质，就必须做好规划。

第一节　职业生涯规划的内涵

职业生涯规划,又称为职业生涯设计,是指个人结合自身情况及眼前制约因素,为自己实现职业目标而确定行动方向、行动时间和行动方案。

一、职业生涯规划的原则

原则是行动的基本规范,也是行动取得预期效果的行动指南。大学生要做好职业生涯规划,就必须遵守图 4-1 中的基本原则。

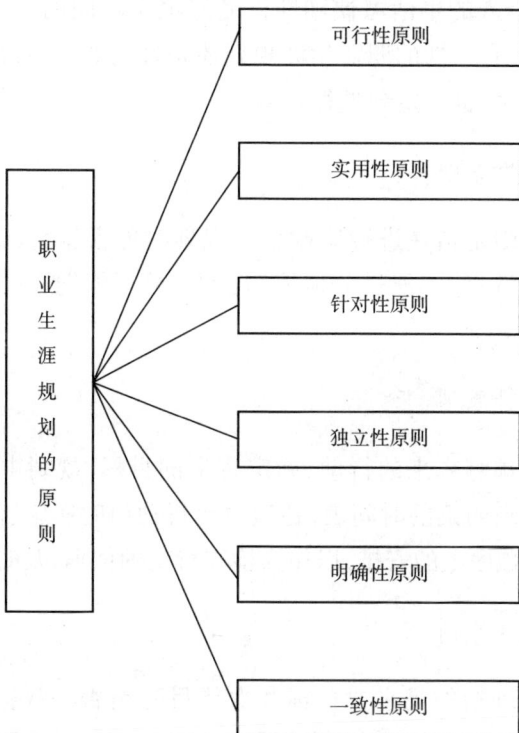

图 4-1　职业生涯规划的原则

（一）可行性原则

职业生涯规划涉及很多具体的任务和实施步骤,因而要求规划者不仅要具备规划的意识,更应在规划中体现操作的程序环节。规划要依据个人的特点、社会的发展需要来制定,若是具体规划,还不可避免地要明确其中的人、事、物相关资源的取得、调整和利用等操作手法。

（二）实用性原则

一份职业生涯规划不管表面多么诱人,都要经得起实践的考验。因此,在进行职业生涯规划时必须讲求简便易行的实用性原则。

（三）针对性原则

尽管很多人的专业与所从事的职业工作相同,但他们并不能通用一份职业生涯规划,因为,在现实生活中,每个人的成长方式和发展历程是不同的,每个人的生活习惯和性格爱好也是不同的。在通常情况下,对使用者来说,有个性的职业生涯规划才是好的职业生涯规划。在制定职业生涯规划时,也一定要遵循针对性原则。

（四）独立性原则

独立性原则是指在进行职业生涯规划时要根据自己的志向和判断独立做出职业选择,不能过分地依赖他人,更不能把自己的命运决定权给予他人。

（五）明确性原则

规划就是预测未来的行动、确定将来的目标,规划中的各项措施与行动应该有清晰明确的时间表,各项主要行动何时实施、何时完成,应有明确的时间和顺序上的安排,以作为检查行动的依据,及时评估和修正。

（六）一致性原则

一致性原理指的是主要目标和次要目标是否一致;目标与措施是否一致;个人发展目标与组织发展目标是否一致。一致性也称"协调性"或者"不矛盾性",坚持一致性原则有利于排除干扰,摒除杂念,专心致志达成目标。

二、职业生涯规划的特征

职业生涯规划具有显著的特征,概括来说主要包括以下几方面。

(一)时间性

职业生涯规划有一个时间跨度。按照规划时间的长短,个人职业生涯规划可分为短期规划、中期规划、长期规划和人生规划四种类型。人们通常是长短期并举,首先确定人生规划、长期规划,而在操作层面上则把中期规划作为个人职业规划的重点。因为时间太长的规划受环境和个人自身的变化影响很难有具体的操作性,时间太短的规划意义又不太大,而中期规划既易依据现有条件做,又便于根据规划执行的反馈信息及时调整规划的策略与内容,使中短期规划更具可操作性。

(二)持续性

人生具有阶段性和连续性,规划是为了避免出现断层,保证每个发展阶段衔接连贯。

(三)开放性

个人职业生涯规划要置身于社会环境、组织环境和他人的影响之中。因为人是社会动物,一份有效的职业生涯规划必须是在对主客观条件审度的基础上,广泛听取他人的意见之后才制定出来的。而且,在这个开放变化的社会里,有效的个人职业生涯规划需要经历数次的修正和调整,绝不是一成不变的。

三、职业生涯规划的影响因素

影响职业生涯规划的因素有很多,概括来说主要包括表 4-1 中的几方面。

表 4-1　影响职业生涯规划的因素

因素	具体阐述
健康因素	健康对于职业选择特别重要,几乎所有的职业都需要身心健康
年龄因素	年龄对职业生涯规划的影响也不容忽视。对工作的态度和看法、对机会尝试的勇气、完成任务的能力和经验,不同年龄的人表现都有所不同。古人所说的"三十而立,四十不惑,五十知天命,六十耳顺"是有深刻道理的
性别因素	虽然男女平等的观念已普遍被现代社会接受,但传统观念中的"性别因素"仍然在职业中起着不可忽视的潜在影响。因此,在规划职业生涯和求职时,要做好充分的思想准备,寻求与性别相适宜的、与理想相统一的职业,有助于自己走向成功。虽然由于工作性质的不同,有一些工作适合女性,有一些工作适合男性,但男女具有同等的发展机遇,只要我们努力,每个人都能实现自己的职业理想
性格因素	性格在我们的职业乃至一生中都会起到很大的作用,我们也会常常听到性格决定命运这样的话,但是我们又有几个人真正了解自己的性格呢?每一个人都有自己独特的个性,所以每一个人的职业和人生也就不同,正是因为性格不同也就造就了各种各样的人
兴趣因素	兴趣对职业生涯的规划影响巨大。兴趣就像一双无形的手,对职业生涯的发展至关重要。现在有一大部分人在从事自己不喜欢的工作,这也是造成职业倦怠和职业边缘化的主要原因
家庭经济因素	家庭负担重的人,家庭责任感会使自己有着更大的就业压力,甚至会改变原来规划好的职业目标。因此,我们在进行职业生涯规划时,必须考虑家庭状况,以平衡家庭责任与理想之间的关系
受教育程度	受教育程度较高的人,在就业以后会有很大的发展,在职业不如意时,再次进行职业选择时能力和竞争力也较强。受教育程度低的人,在职业选择和发展时相对处于劣势。人们接受教育的专业、学科门类及层次对职业生涯也起着重要的决定作用
社会环境因素	社会环境因素决定了社会职业岗位的结构层次,同时也决定了人们的职业观念,从而决定了就业的方式、职业观和个人职业生涯的历程。比如,目前我国市场就业机制的建立和发展有学校推荐、双向选择、自主择业、竞争上岗;国有企业的改革调整;职工下岗再就业机制的不断完善等。在这种情况下,某些行业劳动力相对过剩,岗位相对减少,若得到一个比较理想的职业,必然会加倍珍惜,其工作态度和敬业精神也非常专注

四、职业生涯规划的意义

(一)帮助大学生树立恰当的人生目标

目标是人生之路的灯塔,它指引着奋斗的方向,也给予人奋斗的动力。但是,确定一个恰当的人生目标绝非易事。目标确定得过于宏大,就容易迷茫,对个人成长起不到促进作用;目标确定得过于狭隘,会使得个人的成长受到过多的拘泥,最终限制了发展的空间。而利用职业生涯规划中的各种理论和工具等,则可以帮助我们确定恰当的人生目标。

(二)帮助大学生树立正确的择业观念

如果没有正确的择业观念,在就业中就容易四处碰壁,或从事了一个不适合自己的职业,导致个性被压抑,能力被限制。对于有抱负的人而言,其实大多数职业都有广阔的施展空间,都能给人生带来成功的荣耀。正确的择业观念应当是自我认识、环境认识、价值目标认识的系统结合。而职业生涯规划可以帮助大学生在此基础上树立具体的、有针对性的择业观念,从而对机遇的把握更为全面和深刻。

(三)有利于促进个人努力工作

职业生涯规划的制定将会给个人树立一个明确的目标,有了明确的目标,个人才能奋勇前进。随着职业生涯规划内容一步一步的实现,个人的成就感会不断地增强,这将有利于促进自己继续向新的目标前进。随着职业生涯规划的不断实现,个人的工作方式和思维方式也将不断地发展和完善。

(四)有助于个人评估自己的工作成绩

职业生涯规划的一个重要功能就是向个人提供了自我评估的重要手段。具体规划的每一步实施结果就是可见、可测和可评的。制定了职业生涯规划,个人就可以根据规划的进展情况对自己目前已取得的成绩进行评价。在当今这个激烈的竞争时代,只有制定了一个好的职业生涯规划,我们才能占据竞争优势,发挥个人潜能,并充分把握稍纵即逝的机会,实现预定的目标。

（五）帮助大学生确定奋斗目标

事实证明，许多在事业上失败的人并不是没有知识和能力，而是他们没有很好地规划自己的职业生涯。只有明确了目标，大学生才有奋斗的方向，才会积极地创造条件实现目标；只有明确了目标，大学生才能找到与自己相匹配的职业发展道路。

（六）帮助大学生提升自身价值

在职业生涯规划过程中，要求规划者对自身的价值进行评估，并通过层层递进的评估重新审视自己，认识自己的价值。在此基础上，根据职业方向来制订相应的行动计划，以进一步增强自己的职业竞争力，提升自身的价值。

五、职业生涯规划的误区

大学生在进行职业生涯规划时经常会出现一些误区，概括来说，这些误区主要包括以下几方面。

（一）目标设置过高

拿破仑曾说过"不想当将军的士兵不是好士兵"，这说明一个人应该有远大的志向，但是在现实生活中，将军的位置毕竟很少，如果大家的目标都是当将军，那么势必会有主观愿望与客观条件产生差距的情况存在，从而导致在执行规划时会遇到很多的挫折。因此，判定职业前程时，要从实际出发，制定切实可行的目标。

（二）过分否定自己

进行职业生涯规划时都需要进行自我评估，其目的在于找出自己的优势和不足，从而找出适合自己发展的职业目标。但很多人看不到自己的优势所在，对自己过分否定，从而丧失信心，制定的职业目标过低，不利于个人职业的发展。

（三）认为兴趣就是职业

在现实生活中,有些大学生喜欢将兴趣当作自己的职业目标。其实兴趣并不等于职业。在进行职业生涯规划时,我们的确应该将兴趣爱好作为选择职业的重要因素,但不是唯一因素。一旦把兴趣爱好与工作职业混为一谈,如果处理不好,就要忍受工作中的更多寂寞和孤独。

（四）守株待兔

很多人坚信成功者是因为有好的运气又碰上了好的机会,因此,他们就如同守株待兔中的那个农民一样,天天等待着"兔子"的到来,而不是主动地规划自己,武装自己,努力去寻找"兔子"。这样的人,即使有"兔子"出现在自己的面前,他们也会因为自身的准备不足而与机会失之交臂。

（五）未适时应对变化

职业生涯规划是一个不断发展的过程,保持灵活性、适时地评估与调整是必要的。整个社会大环境在发生变化,职业本身也在发生变化,应对这些变化的最好办法就是做好规划和准备。有效的职业生涯规划必须处理好灵活性与稳定性之间的关系。当然,调整也应适度适时,绝不能朝令夕改。如果规划不断地修订与变化,也很难发挥其引领作用。

（六）只考虑个人兴趣和爱好

有些大学生在选择专业时,由于种种原因选择的专业与自己的兴趣爱好并不相同,甚至有可能截然相反,比如有些人虽然没有选择音乐专业,但是却很喜欢唱歌,希望成为歌手,如果自身不具备一定的演唱天赋,这个职业目标是很难实现的。因此,只凭借兴趣爱好和职业热情而不具备相应的能力,这样的职业生涯规划是没有意义的。

（七）见异思迁

有些大学生在制定职业生涯规划时,盲目跟风,制定好了以后,看到这种职业收入高就想从事这种职业,看到那种职业收入高又想从事那种职业,变来变去没有定性,从而导致职业生涯规划根本不起作用,违背了职业生涯规划制定的初衷。

除此之外,大学生在职业规划方面还存在以下误区。

第一,不能很好地认识自己,比如分不清擅长的和喜欢的、分不清业余爱好和职业才能,频繁更改自己的职业规划,对工作认识也不全面。

第二,认为高学历代表高能力,意味着高收入,因此将更多的时间用于提升自身学历上,而忽略了自身实际能力的培养。

第三,不能很好地执行已经制定的职业生涯规划,导致最终忘却当初制定的规划,职业规划如同纸上谈兵,并没有起到实际的效果。

第四,对外部职业信息不能有一个明确的认识,仅仅通过网络等间接渠道很难体会到职场的真实状态。而职业生涯规划是动态的,要结合这些实际信息进行规划、调整,才能达到更好的效果。

第五,自我分析不够全面,甚至过于片面,表现为高估自己的能力或者放大自己的不足,这些都是非常不利的。

第二节　大学生职业生涯规划的制定与实施

一、大学生职业生涯规划的制定

（一）制定职业生涯规划的步骤

制定职业生涯规划的步骤如图 4-2 所示。

1. 确定志向

志向是人生的航标,是事业的基石,是前进路上的指南针。一个没有志向的人,职业生涯规划就像断了线的风筝,只会在空中飘荡,找不到人生的方向。所以,在制定职业生涯规划时,首先要确立志向。

2. 自我评估

自我评估就是对自己进行全面的分析,以达到认识自己、了解自己的目的。进行自我评估,主要是分析自己的兴趣、性格、技能特长、思维方式,认清自己的优势和不足。在自我评估中,要充分利用各种科学测评手段,如价值观量表、职业兴趣量表、人格量表等,同时结合在校学习、考试情况,老师、同学、亲朋好友的评价,以及自我判断。简单地讲,自我评估至少需要了解以下四方面内容。

第一,自己喜欢干什么。

第二,自己能够干什么。

第三,自己适合干什么。

第四,自己最看重什么。

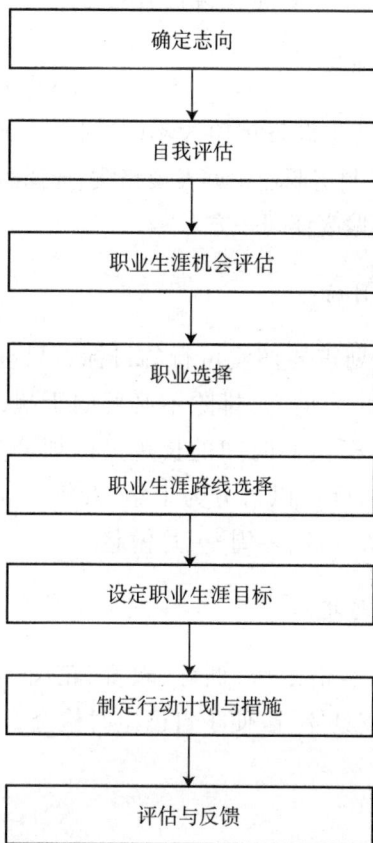

```
┌─────────────────┐
│     确定志向     │
└────────┬────────┘
         ↓
┌─────────────────┐
│     自我评估     │
└────────┬────────┘
         ↓
┌─────────────────┐
│  职业生涯机会评估 │
└────────┬────────┘
         ↓
┌─────────────────┐
│     职业选择     │
└────────┬────────┘
         ↓
┌─────────────────┐
│  职业生涯路线选择 │
└────────┬────────┘
         ↓
┌─────────────────┐
│  设定职业生涯目标 │
└────────┬────────┘
         ↓
┌─────────────────┐
│  制定行动计划与措施 │
└────────┬────────┘
         ↓
┌─────────────────┐
│    评估与反馈    │
└─────────────────┘
```

图 4-2　制定职业生涯规划的步骤

3. 职业生涯机会评估

职业生涯机会评估也可称为环境评估,包括以下两部分内容:

第一,了解环境,如经济形势、法律法规、社会价值观等;

第二,了解职业,如产业与行业的划分,热门行业、热门职位对人才素质与能力的要求等。

4. 职业选择

职业选择正确与否,直接关系到人生事业的成功与失败,关系到人生的幸福与未来。大学生在进行职业选择时,要充分考虑自己的特点,考虑内外环境对自己的影响。分析自我、分析环境、了解职业,然后做出适合的选择,这对于大学毕业生来说极其重要。

5. 职业生涯路线选择

每个人所处的职业生涯发展阶段不同,对个人的生涯形态和任务要求也就不同。大学生在制定职业生涯发展路线、选择职业生涯发展方向时,应全方位兼顾,做到不偏废任何一方。

6. 设定职业生涯目标

好的职业生涯规划需要切实可行的目标。只有在确立可行的职业生涯目标后,才能以此为动力,排除不必要的干扰,保证职业生涯规划的实现。职业生涯目标按照时间的长短可以划分为短期目标、中期目标、长期目标。中期目标可以再分为十年、五年、三年、一年的职业生涯目标,短期目标可以从一日、一周、一月做起。

7. 制订行动计划与措施

这里所说的行动是指工作、训练、教育、轮岗等落实目标的具体措施,这些措施应该比较具体,以便于自己定时检查。

8. 评估与反馈

要时时审视内外环境的变化,重温当初生涯目标,分析当前的实际情况与当初的吻合状态,不断对自己的设计进行评估和修订,并调整自己的期望值。

(二)制定职业生涯规划的方法

当前,大学生制定职业生涯规划的方法有很多,但最常用的有以下几种。

1. 个人职业生涯发展道路法

个人职业生涯发展道路法是将所有员工的个人发展与企业的发展紧密联系在一起，为每个员工都设计一条经过自己的努力可以实现个人目标的路线，并使个人明确意识到，只有公司发展了，个人的目标才有可能实现。很多企业就通过个人职业生涯发展道路法将自己的员工形成一种合力，组成了团队，共同为单位的目标去努力实现自我价值。

2. 决策平衡单分析法

决策平衡单分析法是一种卓有成效的职业生涯决策技术。大学生在进行职业生涯规划时，总会遇到这样或那样的干扰和困难，原本就很棘手的决策也会变得更加复杂和难以操作。决策平衡单分析法可以帮助大学生把模糊的信息清晰化，把复杂的情况条理化，把错误的观念正确化，并尽可能具体地从各个角度去评价分析可供选择的方案，预先对各个方案实施以后可能带来的后果进行利弊得失分析，对于其结果的可接受性进行检验，最终做出成熟的决策。决策平衡单分析法的运用受两个前提条件的限制。一是决策者要具备成熟的相关条件。二是决策者有可供选择的多个职业发展方案。在运用决策平衡单分析法时，有一点需要注意，即不同的评价细目对于决策的意义不同，在进行上述评价时，可以对每个项目加权计分，而且在实际的平衡单使用过程中，应较为全面地提出职业生涯选项相关的考虑因素，并谨慎考虑赋予每个选项的权重系数，因为权重的大小对最终结果有着直接的影响。

决策平衡单分析法的具体实施步骤如下。

第一，针对某一个可供选择的职业生涯发展方案整理出自己所有的重要想法，从对自己、对他人、对社会等不同角度去分析选择可能会带来的得失，并分析这些得失是否可以接受，原因何在，然后再对应职业生涯细目表，按照重要程度为每一个细目赋值，数值采用的范围一般从 –10 到 +10。

第二，将其他可供选择的方案按照第一个步骤一一进行思考分析。

第三，依据分数累计得出每一个职业选择的总分。

第四，比较各个方案的得失情况，并分析得失的可接受性，进而形成自己最终的决策规划。

3.SWOT 分析法

SWOT 法又称为态势分析法,SWOT 是英文单词 Strength (优势)、Weakness (弱势)、Opportunity (机会)、Threat (威胁)的缩写。其中,S、W 是内部因素,是基于个人本身的特点进行的分析,O、T 是外部因素,是基于外部的环境因素进行的分析。一般来说,大学生在运用 SWOT 分析法制定职业生涯规划时,需要从以下两方面的内容着手。

(1)构建个人 SWOT 矩阵。每个人都有自己独特的天赋和特长,也有自己的短处和弱项;每个人所处的环境都存在对自身发展有利的因素和不利的因素。在对自身的优势和劣势,以及周围职业环境存在的发展机会与外在威胁因素分析的基础上,构建个人 SWOT 矩阵对做出正确的职业选择有很大的帮助(表 4-2)。

表 4-2 SWOT 矩阵分析

SWOT 矩阵分析	具体阐述
自身优势(S)分析	分析与竞争对手相比自己最出色的地方。这主要包括以下四个方面。 第一,自身具备的竞争能力和优秀品质; 第二,具有竞争优势的教育背景; 第三,所拥有的宝贵经历; 第四,广泛的个人社会关系网络
自身劣势(W)分析	分析与竞争对手相比自己处于落后的方面。这主要包括以下四个方面。 第一,学习成绩一般或较差; 第二,负面的人格特征,如缺乏自律、害羞、性格暴躁、不善交际等; 第三,以往失败的经验或能力的缺陷; 第四,缺乏目标,且对自我的认识不足
机会(O)分析	分析有利于自己职业选择和职业发展的外部积极因素。这主要包括以下方面:政府出台的相关政策支持、专业领域急需人才、职业道路选择带来的独特机会、社会舆论的宣传和肯定、亲朋好友的支持等
威胁(T)分析	分析外部环境中存在潜在危险的因素。这主要包括以下四个方面。 第一,职业指导咨询行业尚不规范,就业机会减少; 第二,同专业竞争人数增多; 第三,专业领域发展前景不乐观; 第四,所选择的单位环境不利于自身的发展

（2）制定策略。可以制定的相应策略如表4-3所示。

表4-3　可以制定的策略

策略	具体阐述
劣势和威胁因素组合而成的WT（Weakness Threat）策略	劣势和威胁都是对自身发展不利的因素,将二者综合起来考虑,目的是使这些因素都趋于最小化,由于自身工作经验不足,在与同专业的大学毕业生竞争时处于不利地位,必须多参加社会实践活动,多积累经验
劣势和机会因素组合而成的WO（Weakness Opportunity）策略	将劣势和机会综合考虑的目的是尽量将自身劣势的不利影响降到最低,将机会的作用发挥到最大水平
优势和威胁因素组合而成的ST（Strength Threat）策略	将优势和威胁综合考虑的目的是尽量发挥个人的优势,减少外界环境威胁因素对个人职业发展的负面影响
优势和机会组合而成的SO（Strength Opportunity）策略	将优势和机会综合考虑的目的是尽量使这两种因素的作用最大化。比如一个人比较擅长计算机编程,今后就可以继续强化这一优势,增强这方面的竞争实力

需要注意的是,大学生在运用 SWOT 分析法制定职业生涯规划时,还必须对自身的优势与劣势有客观的认识,注意区分公司的现状与前景,可以与竞争对手进行比较,并且要保持 SWOT 分析法的简洁化,避免复杂化与过度分析。

4. 五"What"法

五"What"法如表4-4所示。

表4-4　五"What"法

"What..."	具体阐述
What are you?	你是谁? 是指对自己进行一次深刻的反思,想想自己到底是怎样的一个人,最好把自己的优势和劣势都列出来进行分析
What do you want?	你想干什么? 是对自己职业发展的一个心理趋向的定位,每个人在不同阶段的兴趣和目标都不完全一致,甚至是完全对立的,但随着年龄和阅历的增长而逐渐固定,并最终锁定自己的终生理想

"What..."	具体阐述
What can you do?	你能干什么？是对自己能力与潜力的全面总结。一个人职业的定位最根本的还要归结于他的能力，而他职业发展空间的大小则取决于自己的潜力，对个人潜力的了解应从兴趣、执行力、判断力、知识结构等方面去认识
What can support you?	环境支持或允许你干什么？是对环境支持的了解，包括客观和主观两方面。客观方面包括本地的经济发展、人事政策、企业制度、职业空间等，主观方面包括与领导同事的关系、人脉资源等因素，个人在做职业生涯规划的时候，要将这些因素都考虑进来
What can you be in the ends?	自己最终的职业目标是什么？在明晰前四个问题后，就有了清晰的框架。当然，经过不断的评估与调整，最终实现自己的最终目标

二、大学生职业生涯规划的实施

（一）大学生职业生涯规划实施的方法

1. 确定目标

明确自己的目标后，就要从实际出发。把目标建立在切实可行的基础上。评价目标是否合理的方法是看目标是否位于自己的真实水平上下。

2. 树立信念

正确的归因不仅能使大学生端正学习态度，激励大学生通过努力不断提高自己，而且还会使大学生产生愉快的情绪体验并积极地看待学习中的成功与失败。美国心理学家维纳提出的归因理论认为：人们对自己的行为及其结果的归因是复杂而多维的，并且自我的归因将影响到今后类似行为的动机。他认为人们在解释自己或他人行为结果的原因时往往考虑六个方面：能力（或天资）、努力程度、任务难度（工作难度）、运气（机会）、身心状况、其他（如别人的反应）。从归因理论中可以发现，积极的归因是把学习成功归为自己的努力、端正的态度和学习方法的正确运用；而把失败归于自己努力不够、学习方法不正确，认为不是缺乏能力，更不是社会和教师因素。因此，要树立"努力就能成功"的信念，它能帮助我们发现自己的能力,树立自信。当通过不断努力获得成功的体验时,学习就成了一种主动行为。

3. 学会学习

(1)培养学习兴趣。个体一旦对某学科有了浓厚的兴趣,就会以积极的情绪去研究和探索它,就会产生强烈的求知欲望,从而充分挖掘自己的学习潜能。有不少同学有这样的体验:听得懂的课就有兴趣,听不懂的课就没有兴趣,掌握较好的课兴趣就浓,学不好的课兴趣就差。其实,每门学科都有美的地方,要善于发现它们的美,以此来增强学习的兴趣。

(2)培养学习动机。学习动机在学习中发挥着十分重要的作用,它不但对学习起着巨大的推动作用,而且控制着学习的方向。当然,学习动机过强或过弱都不利于学习效率的提高。如果制定的学习目标不切实际,就有可能造成情绪过于紧张,导致学习效率降低。所以要学会对过弱或过强的学习动机进行适当地调节。

4. 运用 SQ4R 策略系统

SQ4R 策略系统是目前在大学生学习中广泛使用的一种学习方法。其步骤如表 4-5 所示。

表 4-5　SQ4R 策略系统的步骤

步骤	具体阐述
浏览	浏览全书,大致了解主要内容。此过程包括以下方面:看书名、文章标题、作者信息,做好学习新材料的思想准备,在深入阅读之前,先在头脑中确定材料的整体架构,浏览前言和后记以了解作者写作的背景和意图,并通过纵览抓住材料的核心观点
提问	将标题转换成自己尽可能想出的几个问题,然后通过阅读来寻找问题的答案。这样做可以激发我们的好奇心,从而增强对新学知识的理解
阅读	阅读可以填充我们头脑中建立起的框架。细读章节来回答上一步提出的问题。不要逐字、逐句、逐行地读,而要积极寻找答案,抓住实质内容。在这个过程中,我们也可能会提出一些疑问,将这些问题记录下来,形成笔记,或直接记录在教材上,或把内容重点、难点摘抄及心得体会写在专用笔记本上

续表

步骤	具体阐述
陈述	读完后合上书,尝试简要回答上面提出的问题,最好能用自己的语言举例说明。如果不能清晰地陈述答案,那么重复阅读再尝试陈述。进行这一步时最好能结合笔记法,摘抄一些短语作为陈述提示。完成第一部分后,按以上三个步骤学习后续的章节,直至完成整本书的阅读
反思	通过以下途径,试图理解信息并使信息有意义。 第一,把信息和已知的事物联系起来; 第二,把课本中的副标题、主要概念及原理联系起来; 第三,试着消除不重要的信息; 第四,试着用所读内容去解决联想到的类似问题; 第五,课堂上认真听老师讲解,及时和任课老师探讨不懂的难点知识
复习	按以上步骤通读全书后,查看笔记,总览全部观点及它们之间的关系,然后合上笔记,尝试回忆主要观点及每一主要观点之下的次级观点。间隔一段时间后,通看一遍教材和笔记,然后合上书本,再根据笔记页面左侧的关键词进行回忆,查阅相关书籍或论文,补充所学内容,扩大知识面

（二）职业生涯规划实施中常见的阻力

概括来说,实施大学阶段目标的阻力主要有表4-6所列的几种情况。

表4-6 实施大学阶段目标的阻力

阻力	具体阐述
目标设置不合理	就业、出国、创业均可以作为大学期间的发展目标,但必须具体、现实。如果选择先就业,那就要想清楚去什么地方就业、在什么行业就业、从事什么职位与性质的工作、希望拿多少工资等;如果选择出国留学,那就要考虑家庭经济承受能力、个人学习成绩尤其是外语水平等;而如果想在毕业后自主创业那就必须积累经验、学会分析市场行情、制订创业计划等。目标没有对错之分,适合的就是最好的。如果选定的目标不合理,那就已经失败了一半
缺乏执行力	执行力相当于心理学所说的毅力。范仲淹在吃不饱、穿不好的艰苦条件下,却能坚持读书,最后还当上了宰相。他靠的正是毅力,是毅力让他获得了成功

续表

阻力	具体阐述
外在条件不具备或者发生改变	从哲学的层面上讲,目标实现的内在条件相当于内因,外在条件相当于外因。事物的发展是内因和外因共同起作用的结果,矛盾是事物发展的动力。外在条件虽然有不可控制性,但它毕竟要通过内部条件才能起作用,人是有主观能动性的,人们不仅可以利用与改造外部条件,还可以创造条件实现目标

（三）职业生涯规划阻力的克服方法

1. 不轻易放弃目标

成功的人和不成功的人只相差一点点。成功的人可以无数次修改方法,但绝不轻易放弃目标;不成功的人总是变换目标,却从不或很少改变方法。在职业生涯发展的道路上,只要不放弃目标,每一次挫折、每一次失败都是有价值的。

2. 勇于坚持

成功者是用拼搏精神描写坚毅的感人传奇。要去判断人生道路上的这场胜负,在于用毅力换来的成绩,正如判断一棵果树的优劣,是看它结的果实是否丰硕,而不苛求它的叶子是否葱郁。成功者常常用毅力去书写迷人的胜利传奇。

3. 及时评估与修正

职业发展规划是一个动态的过程,绝不是确定了具体计划之后就能一劳永逸地执行下去。一个人如果不能随时根据变化的情况对具体的职业发展规划进行调整,那么职业发展规划就会沦为空洞的自我设计。因此,为了有效实施职业发展规划,必须要在实施过程中随时评估,并根据评估结果及时修正。

（四）大学生职业生涯规划实施的策略

大学生职业生涯规划实施的策略在大学四年中各不相同,具体来说,主要包括以下几方面。

1. 大一：职业生涯设计的启蒙——探索期

这一阶段的目标是职业生涯认知和规划,具体的实施策略包括以下几方面。

第一,由高中生到大学生的角色转变,重新确立自己的学习目标和要求。

第二,开始接触职业和职业生涯的概念,进行初步的职业生涯设计。

第三,熟悉环境,建立新的人际关系,提高人际沟通能力,在职业方面可以向高年级学生,尤其是毕业生了解就业情况。

第四,积极参加各种各样的社团活动,提高交流、沟通技巧。

第五,在学习方面,要扎实掌握专业基础知识,加强英语、计算机的学习,掌握现代职业者所应具备的最基本技能。

第六,如果有必要,为可能的转系、获得双学位、留学计划做好资料收集及课程准备,为将来的就业选择打下良好的基础。

第七,大学第一年主要是基础课的学习,学习的任务相当繁重,重要的是培养适合自己的有效学习方法。

2. 大二：职业生涯设计的深入探索——定向期

这一阶段的目标是初步确定毕业去向及相应能力与素质的培养。具体的实施策略包括以下几方面。

第一,了解自己的需要和兴趣。确定自己的价值观、动机和抱负。

第二,考虑未来的毕业去向。

第三,通过参加学生会或社团等组织,培养和锻炼自己的领导组织能力、团队协作精神,同时检验自己的知识技能。

第四,开始尝试兼职并参加社会实践活动。

第五,增强英语口语和计算机应用能力,通过英语和计算机的相关证书考试,并开始有选择地辅修其他专业的知识充实自己。

3. 大三：职业生涯设计意识的建立——准备期

这一阶段的目标是掌握求职技能,为择业做好准备。具体的实施策略包括以下几方面。

第一，在加强专业知识学习的同时，考取与目标职业有关的职业资格证书或通过相应的职业技能鉴定。

第二，了解搜集就业信息的渠道，向学长、学姐了解往年的求职情况，学习撰写简历、求职信的方法和技巧。

第三，了解相关行业和企业的情况。如果准备出国留学或考研，应首先了解相关留学信息和学校信息，然后开始准备工作。

4. 大四：职业生涯设计的初步演练——冲刺期

这一阶段的目标是成功就业，具体的实施策略包括以下几方面。

第一，深入了解相关行业和企业信息，再次检查自己的职业选择是否正确。

第二，强化求职技巧，进行模拟面试训练等。

第三，积极参加各类招聘活动，向用人单位提交简历，参加用人单位组织的面试等。

第三节　大学生职业生涯规划的管理

一、职业生涯管理的内涵

（一）职业生涯管理的定义

职业生涯管理是指组织与员工本人对职业生涯进行设计、规划、执行和监控的过程，其宗旨是追求员工个人目标和组织目标的协调统一。

（二）职业生涯管理的要求

进行职业生涯管理要求要做到图4-3中的三个方面。

1. 学会归零

成功的人士在创下佳绩以后，往往能够谦虚务实、继续努力。而失败者则是在收获了一份成就以后，便骄傲自满，不思进取，最后再也没有多大的成就。大学生要学会归零，重新开始。将事业归零以后，人生可以重新开始调整方向,使人再次奋发,人生从此翻开新的篇章。

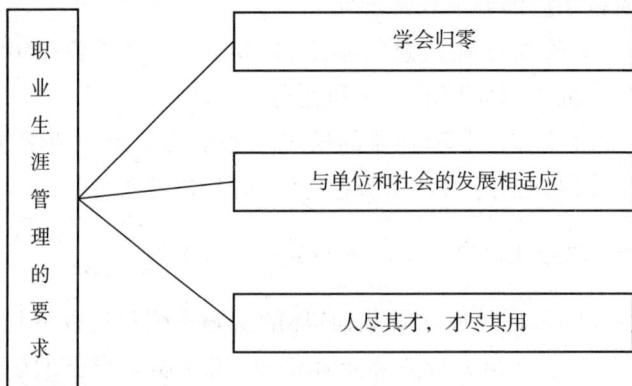

图 4-3　职业生涯管理的要求

2. 与单位和社会的发展相适应

（1）与单位相适应。作为一名员工,要紧跟单位发展的目标,将个人的发展与单位的发展联系在一起。另外,单位的发展离不开个人的奉献。在现代社会中,创新是单位发展的必由之路,单位只有不断创新才能立足于市场;而人是创新的根本,个人的创新会推动单位的创新。

（2）与社会相适应。个人职业目标实现的条件是由社会环境所提供的。如果社会环境条件不允许,个人的职业理想就不可能实现,人们在自己工作岗位上有目的、有意义的活动,也是在推动社会发展的进程中留下了自己的印记。

3. 人尽其才,才尽其用

每个人都有一个能发挥才华的机会,如果能够我才必有用,在实践中磨炼自己,就有可能在某行业中发奋图强,开创实现职业理想的新局面。

（三）职业生涯管理的目标

职业生涯管理的目标主要包括表 4-7 所列的几方面。

表 4-7　职业生涯管理的目标

目标	具体阐述
个人发展最大化	职业生涯管理的目标就是要实现个人发展最大化。职业生涯管理是一个动态过程,要对实现发展目标的整个过程进行管理。人的职业生涯分为不同的阶段,从业者的心理特征和发展重心在同一阶段具有共性;而在不同的阶段,人们的态度和行为存在着较大的区别,从而使职业生涯管理的方法也因人而异。职业生涯管理强调自主、自治和自觉,它把工作与个人的成长和发展结合起来,从一个更长远、更广阔的角度,对个人今后的职业生涯做出适合自己性格特点、职业兴趣、知识才能和理想追求的规划及管理。职业生涯管理是建立在从业者清楚了解自己所掌握的知识、技能等基础上,对自己的职业发展制定明确的职业目标和完善的职业规划
终生构建人力资本	职业生涯管理通过培养管理的技能来提高个人的就业能力,帮助个人终生构建人力资本。职业生涯管理能使个人明确自己发展的目标方向,找出职业发展的关键因素并加以充分利用和开发,减少不必要的精力损耗,充分发挥个人潜能,使个人得以快速成长
个人发展与单位发展、社会需要相结合	职业生涯管理注重个体发展与单位发展、社会需要相结合,应满足个人、组织和社会的需要。简单的"找一份理想工作"会导致职业生涯管理的功利主义倾向,大学毕业生要认识到个人在漫长的职业生涯的每个阶段中存在的典型矛盾和困难,并找出解决和克服的有效方法。在职业生涯管理中,大学生应引导个人与组织目标的方向保持一致,并在工作中脱颖而出

二、大学生职业生涯规划管理的阶段

(一)职业生涯规划的早期管理

职业生涯初期(30 岁前),相当于美国学者舒伯职业生涯分期理论中的尝试阶段(25 ~ 30 岁)。这一阶段是取得职业正式成员资格的阶段。在这一阶段,个人离开学校步入社会,对职业的相关知识并不是十分了解,对职业规则、流程的想法和看法也较为肤浅。此时,工作单位在职业生涯早期阶段的第一个任务就是从外在因素出发,帮助员工尽快适应岗位,迅速做好职业人角色的转变、思维的转换,以便能够迅速融入工作单位的氛围中。同时,个人也需要通过自身的努力逐步适应、融入工作单位,胜任岗位,实现团队合作,最终学会如何在组织系统中工作。

1. 职业生涯规划早期阶段的特征

职业生涯规划早期阶段的特征如表 4-8 所示。

表 4-8　职业生涯规划早期阶段的特征

特征	具体阐述
进取心强	进取心是一种内在的推动力量,它可以促使个人不断发展进步,但是由于年龄、阅历等各方面的因素,会出现浮躁、冲动情况,过于武断地评判自己,不能给自己的实际水平做精准的定位。同时,由于争强好胜,也容易与同事产生不和谐,影响与周围同事之间良好人际关系的建立。此外,由于初涉职场,在各种因素的干扰下会对自身最初的职业选择产生动摇或怀疑
具有远大的职业理想和抱负	精力旺盛、充满朝气、因家庭负担较轻而洒脱是年轻人的特点。在刚刚步入职场之际,大部分人都会有满腔的工作热忱。随着工作经验的积累、工作能力的提高、人际交往范围的扩大、工作业务的拓展,他们可能一步步地走向成功
调适家庭与事业之间的关系	随着工作的稳定,个人开始考虑成家或者生子,此时或多或少会对工作造成影响,如何将家庭与事业调适至最佳的状态成为要关注的问题。同时,家庭责任使得个人以自我为中心的意识让位于家庭观念,家庭责任感随之增强

2. 职业生涯规划早期阶段的管理措施

（1）安稳地工作。毕业生在这一阶段最好不要轻易跳槽;相反,如果这一阶段能够做到"安稳"地工作,就能积累经验,在安稳的工作中增强工作技能和人际关系,为日后的发展打下基础。

（2）扮演好一个"初级员工"的角色。大学生在进入工作岗位以后应逐步熟悉单位的文化,了解单位内部的人事关系和管理情况。一要具备个人的自信心和进取心。大学生进入新的工作环境缺乏的不是技能,而是信心,应与老员工多沟通和交流,消除心理上的恐惧和担忧。二要成为一个好下属,服从领导安排,扮演好"初级员工"的角色。

（3）树立良好的个人形象。大学生步入职场以后,应学习单位的规范要求,逐步适应个人职业和单位要求,注意树立自己良好的形象。新员工需要不断学习系统的专业理论知识,了解单位管理系统,在工作中不断提高业务能力,在磨合中找到个人与单位的最佳契合点。通过对实际工作的体验与总结来判定自己当初的选择是否正确,在必要时重新做出选择。

（二）职业生涯规划的中期管理

职业生涯中期（30～50岁），相当于美国学者舒伯职业生涯分期理论中的稳定阶段（30～40岁）和中期危急阶段（40多岁），是一个既有可能获得职业生涯成功，又有可能出现职业生涯危机的较宽阔的职业生涯阶段。

1.职业生涯规划中期阶段的特征

（1）个人总体生命空间特征。个人到了职业生涯发展的中期阶段，其总体生命空间呈现新的变化，显示出这一阶段独有的特点（表4-9）。

表4-9　个人总体生命空间特征

特征	具体阐述
职业生涯发展中期处于三个生命周期的完全重叠时期	人的生命周期贯穿人的一生，家庭生命周期则从28岁左右开始贯穿人的后半生。职业生涯周期从20岁左右开始至60岁抑或更长时间结束，如果职业生涯中期阶段定位在31～50岁，那么三者重叠的时间长达20年。而在职业生涯的其他阶段，三者重叠的时间则相对较短
职业生涯中期生命周期运行任务繁重	在这一阶段，个人不仅需要面对工作，还需要承担维系婚姻、赡养父母、教育子女等一系列家庭责任，因此需要更加客观地认识自我、审视工作、确立目标方向、寻找事业与家庭之间的平衡点
职业生涯中期个人职业生涯运行和发展任务加重	在这一阶段，个人的职业能力趋于成熟，此时，个人希望确立或保持其在专业领域的领先地位，然而由于可能会面临职业生涯中期危机，职业发展任务较职业生涯发展前期更加繁重
家庭生命周期在这一阶段发生显著变化，并产生相应的问题和任务	在这一阶段，大部分人已经成立家庭，由单身变为有配偶和子女，且子女逐渐长大成人，父母日渐衰老，家庭关系日益复杂。个人既要承担家庭责任，又要协调好与配偶、父母、子女之间的关系

（2）个人能力和职业生涯特征。在职业生涯中期阶段，尽管每个人的事业和能力发展的具体情况不同，但总体来说，这一时期个人的职业能力逐步成熟、稳步提升，形成相对稳定的工作作风，技术娴熟、工作经

验丰富,成为所在工作岗位的业务骨干,已经具备创造一番业绩的潜在实力等。但这一阶段的个体也有可能陷入职业生涯中期危机。如何避免中期危机出现、开创事业高峰,需要强化个人在该阶段职业管理的任务,同时用人单位也要加强对员工实施中期阶段的职业生涯管理。

2. 职业生涯规划中期阶段的管理措施

(1)用人单位管理。

①提倡成功标准多样化:一些员工会把职位的晋升作为判断职业生涯是否成功的标准之一。然而,有限的职位只会提供给有限的员工,这会使大部分员工感到极大的心理压力。因此,企业应该提倡职业生涯成功标准多元化,让员工充分了解工作本身所带来的快乐、丰富的工作经历以及自我价值的实现也是职业生涯成功不可或缺的因素。

②建立多重职业生涯发展阶梯:员工的职业生涯除了管理型职业生涯以外,还有技术性职业锚、业务性职业锚等,因此,除建立传统管理型阶梯外,还应搭建技术型阶梯、业务型阶梯等多重职业生涯发展阶梯。这样既激发了从事非管理类岗位工作人员的竞争内动力,又减小了管理岗位员工的竞争压力。

③坚持以人为本,实现互利双赢:

第一,制定平等的晋升机制,使员工相信只要能力强、技术过硬,就能获得很好的发展前途,从而增强员工工作的内动力。

第二,提供职业素质培训机会,根据每个员工的不同特点制定专业培训方案,发展和提高员工的专业知识和技能。

第三,针对个体自身知识结构老化,但仍然保持高度进取心的员工可以考虑给予其定期的专业提升培训。

第四,对于需要改变工作性质的员工实施转岗培训。

第五,对于希望进入管理层的员工,在符合条件的前提下提供相关培训。

第六,创造岗位轮换的机会,通过多元化的职业活动,使员工在提升业务能力、避免职务专业化所产生的厌倦感的同时保持对工作的敏感性和创造力,不仅能够发挥个人工作潜能,而且能够增强工作适应力,提升个人价值。

（2）自我管理。

①明确个人的抱负：员工要客观地评估自己的个人能力、发展动机和职业价值观；接受当前的职业发展现状，不断调整发展方向；摆脱以往的角色定位，选择新的工作角色，或者选择看得见的前途，离开原来的单位，寻找新的职业角色。

②端正态度：如果员工愿意留在原来的单位，继续原来的工作就应该端正态度。在单位内部轮换工作岗位，进入新的职业领域，改变工作角色，寻找新的发展机会，这是一种不错的选择。同时，注意整合并更新自己的职业技能，在合适的岗位上充分发挥自己的才能。

③积极进取：进取心是非常强大的力量，能够推动员工积极上进，有效工作，积极解决工作中遇到的一些问题。积极进取是一种努力向前、有所作为的人生态度，能促使员工通过尝试去赢得人生的坚强，充满希望地快乐成长。

④注重学习，提升自我：要注意学习，将学习作为个人生活的必然组成部分，更新专业知识和技能，提高自信心，通过阅读专业书刊、参与专题讲座、研讨会或培训，努力提升自己。并将学到的知识运用到工作中，不断改善自己的工作质量，提高绩效水平。

⑤抓住一切培训机会：这一阶段，员工应当多参加单位举办的有关培训活动，使自己获得职业发展所需要的各种职业技能和经验，在多个方面都有充分的发展；不断探索、勇于创新，明确自己在某些方面的特长，并加以正确引导和培养，最大限度地提升个人的社会价值。

⑥进一步实现文化理念的融合：在职业生涯中期阶段很容易出现职场疲惫的现象，而一个企业内在和外在的文化则会增强员工与企业之间的凝聚力，会使个人及时调整好心态，对工作更加有激情和活力。

⑦选择有挑战性的工作：很多人工作都是在追求自我价值的实现，并期望能够得到组织和社会的认可。因此，可以选择能够激发自己兴趣的工作，并把在工作中出现的困难变为前进的动力，当发现目前状况已经不再适合自身的发展，或对现在的职业感到没有希望的情况下，可以重新选择更有前途和更感兴趣的工作。

（三）职业生涯规划的后期管理

职业生涯后期（50～60岁），相当于美国学者舒伯职业生涯分期理论中的维持阶段（45～65岁）的后半段。由于长期在某一职场上打拼，这一阶段的人们一般都已经在自己的工作领域获得了一席之地，具有比较丰富的经验，得到了他人的广泛认同，达到了人们常说的"功成名就"的境地。

1. 职业生涯规划后期管理的特点

（1）个人职业特点。后期阶段的个人职业特点如表4-10所示。

表4-10　个人职业特点

特点	具体阐述
工作经验丰富	处于这一阶段的个体工作能力稳步提高并趋于成熟，具有独特的工作方法，在工作上能够独当一面，独立地开展自己的工作，已经成为一个真正有实力的人，是单位资深的骨干员工
有一定的工作成就	在这一阶段，员工在既定的工作领域中已经取得了不凡的工作成果，并获得了一定的地位，各方面都平稳地向前发展。其中，一些优秀的员工已经走上了管理层，在事业上不断取得成就，并逐步达到事业的巅峰
形成自己的工作作风	这一阶段个人的价值观和世界观逐渐成熟，责任心增强；具有一定的工作和生活阅历，熟练掌握处理人际关系和各种事件的技巧；在实践中学会大胆、果断地处理问题，在工作过程中的处事方法合理，方式得当，逐步形成了稳健、务实和严谨的工作作风；在心理上能够接受工作所带来的更大压力与责任，深化学习、勇于实践，积极反思。这已成为这一阶段员工成熟的重要标志

（2）个人身心特点。处于职业生涯后期的员工，在饱尝了生活和工作的酸甜苦辣之后，健康问题逐渐显露，身体不适增加。在这个阶段，个人自我意识上升，怀旧感加强。这时的员工觉得自己已经工作了一辈子，现在到了安享晚年、追求兴趣爱好的时候了，同时也开始怀念曾经的人和事。还有一部分人，在职业生涯后期会产生比较严重的心理障碍，对前途感到迷茫，自信心明显下降。

（3）个人环境特点。处于职业生涯后期的员工，子女多数已经成家立业，家庭出现空巢现象。许多人开始重新构建自己的社交圈。社交活动的目的不再是为了职业发展而有计划地"觥筹交错"，而是变成了三两知己共叙友情或老友们的"家庭聚会"。

2. 职业生涯规划后期的管理策略

我们可以采取表4-10中的措施合理地进行职业生涯后期的自我管理。

表4-10　职业生涯规划后期的管理策略

管理策略	具体阐述
描绘退休的图景	那些准备退休的员工应该根据自己的兴趣爱好和价值标准,问自己一些基本的问题。例如,退休后做些什么才是有价值和值得的?为自己描绘一幅退休以后生活的图景,选择开始新的人生
消除不安全感	有的人开始害怕不适应退休后的生活,因此,准备退休的员工要学会接受和发展新的角色,消除"不安全感"。以积极的态度进行职业生涯管理,理性地看待角色的转变;调整心态,淡化自我意识,接受权利和责任中心地位下降的事实;适应职业与心理的变化,遵守生物规律,保持良好的生活作息习惯,发展其他方面的兴趣爱好,健康地生活,愉快地为退休后的生活做好准备
培养新员工	在准备退出职业生涯之前,员工应该合理地开发和利用自身的价值。 第一,在工作岗位上仍然努力工作,为单位贡献才干; 第二,要有意识地培养自己的接班人,把工作经验传授给新员工,乐于对新员工进行工作上的辅导,并把这一行动作为对他人的一种帮助,享受"施比受更快乐"的人生境界
面对现实,欣然接受	处于职业生涯后期阶段,伴随着个人年龄的增长,能力和竞争力下降是一个不争的事实,要学会勇敢面对,大胆接受,寻求适合自己的新的职业角色,充分发挥自己的特长和优势。通过言传身教等方式,将自己的感受和对职业的理解传递给继任者。人生是阶段性的调整,每一个阶段,都有不一样的努力目标。如果调整过来,那就会令人心情愉悦,其乐无穷
调整心态,适应生活	职业生涯后期,缺乏直接沟通和交流的对象,没有合适的发泄情绪的渠道和方式,是导致个人变得忧郁不安的直接原因。要学会自我发展和接受新角色,比如,可以和家人一起组织小型的家庭聚会,邀请亲朋好友一起参加;可以和新入职的年轻人交朋友,相互提供感情支持;还可以申请加入一些公益团队,做自己力所能及的事情。当然,所有这些努力的实施都离不开良好的心态,每个人的价值仍然可以通过其他方式来体现,这种思想重心的转移有利于个人重新发现生活的意义

第五章　大学生创新教育研究

　　创新是一个民族进步的灵魂，是一个国家兴旺发达的不竭动力。人类社会发展史就是不断超越、不断创新的历史，从燧木取火到蒸汽机发明，从烽火台的狼烟四起，再到现代互联网新技术的全面渗透，无不是创新驱动的。这些创新成果都是人类智慧的物化，是思维的凝结。在创新时代的今天，创造更有力量。创造性的思想，就是财富。

第一节　创新的内涵

一、创新的概念

创新是人类为了满足自身需要,不断地在实践中发现新过程、新本质和新规律,并且用新方法通过新流程、新产品、新服务和新事业来创造价值的过程。

二、创新的特点

创新具有显著的特点,概括来说,这些特点主要包括以下几方面(表5-1)。

表 5-1　创新的特点

特点	具体阐述
超前性	创新以求新为灵魂,从实际出发,创新的人具有超常的智慧和丰富的想象力。创新应该是超前于社会的认识,超前于市场开发,它要站得高、看得远、瞄得准
普遍性	创新存在于人类活动的一切领域中,大到发明创造,小到改革建议,这说明创新具有普遍性
新颖性	创新是创造出新的"事物"。"新"是指人类历史从未有过的发明和创造。这些发明和创造极大地推动和加速了人类社会的历史进程
目的性	创新总是为了解决某一问题而进行的,它总是与某个任务相关联的。所以说,创新是一种有目的地认识世界和改造世界的实践活动。这个特征贯彻创新过程的始终
变革性	创新是对已有事物的改革和革新,是一种深刻的变革。穷则变,变则通,通则久。这个由"变"到"通"的过程就是创新的过程

续表

特点	具体阐述
社会性	社会性是指创新活动所表现出的有利于群体创新和社会发展的特性。当然,这并不意味着创新的社会性只包括群体性创新活动而不包括个体性创新活动。实际上,群体创新与个体创新之间是辩证统一的关系。 第一,人的个体创新意识、能力等主要源于社会,是社会创新力量在个体创新方面的表现。而个体是生活在社会中的,所以其创新体现和反映着这一社会形态的整体性质; 第二,每个人的创新活动是社会整体创新活动中必不可少的一个细胞。由此可知,个体创新是社会创新的一部分,具有社会的性质

三、创新的过程

英国心理学家沃勒斯提出的创新的"四阶段理论"是一种影响大、传播广的过程理论。该过程理论认为创新的发展分为图 5-1 中的四个阶段。

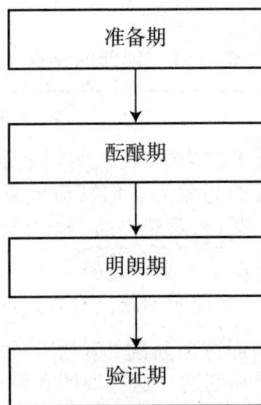

图 5-1　创新的发展阶段

（一）准备期

准备期是发现和提出问题阶段。通常来说,准备期可以分为以下三步。

第一,对知识和经验进行积累和整理。

第二,搜集必要的事实和资料。

第三,了解所提问题的社会价值,以及能否满足社会的何种需要,具有何种前景。

（二）酝酿期

在酝酿期要对收集的资料、信息进行加工处理,探索解决问题的关键。这一时期,要从逆向、发散、集中等方面去思考问题,按照新的方式进行加工。酝酿期是大脑的高强度活动时期,困难重重,需要人有很大的耐力。

（三）明朗期

明朗期也称为突破期,是一种猛烈爆发的状态。人们通常所说的"脱颖而出""豁然开朗"等,都是描述这种状态的。这一阶段的心理状态表现为高度兴奋。在明朗期,灵感思维起着决定性作用。

（四）验证期

验证期是评价阶段,是完善和充分论证阶段。这一时期会把在明朗期所获得的结果加以整理、完善和论证,并且进一步得到证实。

第二节　创新意识与创新思维研究

一、创新意识

意识是人脑对客观世界的反映,包括人脑在客观事物的刺激下产生的思想、观点、感觉、动机和欲望。创新意识包括创造兴趣、创造动机、创造情感和创造意志。

（一）创新意识的作用

创新意识具有显著的作用,概括来说主要包括图 5-2 所列的几个方面。

创新意识的作用

创新意识是决定一个国家、民族创新能力最直接的精神力量

创新意识对创新实践活动具有调控作用

创新意识有利于推动社会的全面进步

创新意识能促成人才素质结构的完善

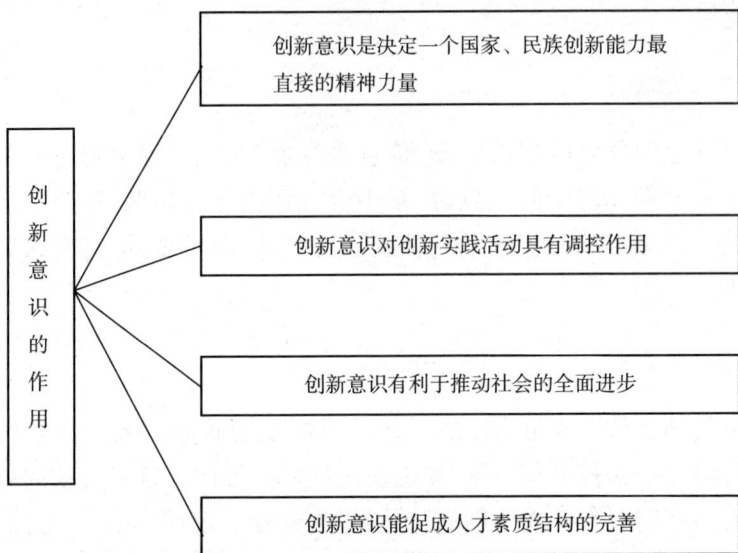

图 5-2　创新意识的作用

（二）创新意识的本质

1. 创新意识是一种问题意识

我们的生活中往往是发展机遇与挑战并存,发展进步与矛盾问题同在,前进的道路上充满了各种风险和挑战,只有脑子里时刻装着一些问题,时刻保持问题意识,才能多一份清醒和自觉。当然,发现问题不是目的,解决问题才是目的,而解决问题又将是一个创新的过程。

2. 创新意识是一种求新意识

求新是敢于突破常规,不被定式思维影响的体现。当遇到问题的时候,即便有很顺利的解决办法,我们也可以尝试着换一个角度进行思考。现实生活中,求新意识显得尤为困难,因为求新不仅需要克服一定的心理压力,而且需要面对别人异样的眼光,以至于很多时候我们选择了从众。当然,求新并不是一味只追求标新立异,而是遵循一定的客观规律。

3. 创新意识是一种求变意识

这里所说的“变”主要是指变革、革新。科学创新是离不开哲学思

维的。要知道,科学理论并不是一经建立起来就是永恒不变的坚固体系,科学探索得到的真理,既有绝对性,也有相对性。科学创新也即不断变革的过程,创新意识因此又表现为求变意识。

(三)创新意识的培养

1. 培养创新兴趣

兴趣是需要培养的,而培养的环境就是人的社会实践过程。一般来说,要想保证兴趣培养的效果与实际需要相适应,要保证兴趣培养与人的认识过程、社会发展需要相适应,这是最基本的前提条件。兴趣需要鉴赏力与理解能力,这一能力是基于一定的知识水平建构起来的,如果不具备一定的知识水平,那么即便是再独特的现象,也不会引起你的注意,也不会让你产生兴趣。此外,兴趣的培养还需要好奇心的参与,好奇心是一项重要的品质,它能够增加人们的想象力与敏感度,让人们的思维活跃起来。可以说,好奇是形成兴趣的直接原因。

2. 树立创新理想

创新理想即主体对目标的追求。树立创新理想,需要考虑如下几个层面的问题。

第一,在创新信念上要坚定,信念是有关社会和人的基本信条、基本志向或奋斗目标,是进入创新境界的重要前提。

第二,树立民族责任感,因为民族责任感是激发创新理想的强大动力。

第三,学会并善于自我欣赏,因为善于自我欣赏是在创新创造活动中强化创新理想的重要手段。

3. 激发思维潜能

充分激发创新思维潜能需要做到表 5-2 所列的几方面。

4. 磨炼创新意志

意志磨炼是指人的坚忍性、顽强性、克服困难的品质锤炼。坚强的意志是克服困难的先决条件,是事业成功的保证。所以,要想达到自我实现的目的,就必须不断磨炼坚强的意志。具体来说,磨炼创新意志需要做到表 5-3 所列的几方面。

表 5-2　充分激发创新思维潜能需要做到的方面

方法	具体阐述
理论与实践相结合	唯有理论与实践相结合,理论才有意义。大学生应该会读书、读活书。只有精通理论,才有可能进行实践;只有拥有丰富的实践经验,才可能产生新的理论
处处留心皆学问	学习绝不仅限于课堂和读书,事实上,学习无处不在,与他人交流是学习,上网是学习,看电视也是学习,其关键在于我们是不是用心
开拓创新斗志	大学生要强化自己的创新意识,应精神奋发,斗志昂扬,敢于打破对传统、权威、书本的束缚,敢走前人没有走过的路,敢创前人没有开创的新事业
打破砂锅问到底	大学生要培养自己的创新意识,应富有怀疑精神,探究各种事物的本源及其实质,要有打破砂锅问到底的精神

108

表 5-3　磨炼创新意志的方法

方法	具体阐述
树立坚贞不渝的信心	自信心是事业成功的保证,这就需要通过对独立自主精神的培养和切合自己能力的奋斗目标的确定,来培养自信心,以此保证精神和心理上的良好状态
树立勇敢果断的决心	创新是智者与勇士的结合。创新型人才果敢品质的磨炼需要从彻底摆脱胆怯、拘谨和懦弱的心理开始。其中关键因素在于自信心的树立和正确的自我评价
拥有坚忍不拔的毅力	坚忍性是指人的顽强毅力,不达目的誓不罢休的精神状态。创新活动有成功有失败,成功的创新活动离不开顽强的毅力;而失败的创新活动能够通过对毅力的激发来进一步实现创新活动

5.提供创新环境

良好的创新环境主要涉及表 5-4 中的几点。

表 5-4　创新所涉及的环境

创新环境	具体阐述
家庭环境	良好的家庭氛围,有助于构建民主的生活。生活在这样环境下的大学生,不仅受到严格的训练,还能够将自己的观点与见解表达出来,比较容易具备创新意识

创新环境	具体阐述
学校环境	良好的学校环境不仅为学生提供充足的知识,还能够教授给学生学会运用知识进行创新的能力,鼓励学生进行思考与进步。学生不仅能够在知识的海洋里遨游,还能够提升自己的创新能力与意识
社会环境	在一个社会中,如果每一个人都尊重与热爱创新活动,支持与羡慕创新者,那么就会让整个民族的斗志都激发出来,从而人人都努力构建自己的创新意识。只有在这样的社会中,才能够涌现出大量的创新人才
国家体制	国家体制的好坏,也会对人民的创造力产生影响。良好的国家体制不仅有庄严的法律,还有丰富的文化生活与经济、政治,不仅要求国家意志的统一,还要求个人独立人格的发挥

6.培养创新情感

培养创新情感,在这里我们给出以下两点建议。

(1)培养幽默感。幽默感是指人表达幽默的能力,是一种特殊的情绪表现。健康积极的幽默感能够有效推动创新思维的发展。同时,幽默感也是情绪的减压阀,有助于适度地缓解冲动和不安的情绪。因此,富有幽默感的人不仅有着丰富的想象力,还有着非常强的创造力。

(2)培养美的情感体验。自然的美景、精美的艺术创造、美好的社会现象都会给人带来美的享受。要做到这一点,需要先让学生享受自然的美,然后鉴赏艺术的美,再体悟科学的美,最后是体味社会的美。

7.养成创新性格

要想培养创新性格,可以从以下几个方面着手。

(1)培养勤奋惜时的心理品质。勤奋是指不畏艰难困苦,分秒必争,努力学习、工作和劳动。任何人的成功,都是要经过勤奋这一特质而实现。勤奋刻苦是创新成功之本,而珍惜时间、合理利用时间则是成为创新人才的前提条件。

(2)培养独立自主的心理品质。独立自主的心理品质体现在生活、认知、情感等多个方面。创新者批判和质疑的精神就是在此基础上培养出来的。

（3）培养推陈出新的心理品质。具有新颖性和独特性是创新产品的两个特色。具有创新心理品质的人，主要表现为不因循守旧，不盲从权威，不迷信书本教育，以无畏的批判精神和质疑精神冲击传统观念和思维定式的束缚，勇于变革。

（4）培养勇于质疑的心理品质。怀疑是创新人才极有价值的一种心理品质。疑问是发现问题、探求知识的起点，因此，要对怀疑精神加以培养，具体应做到以下几方面。

第一，要求教育者具备怀疑的品质，切忌压制有争鸣现象的学生。

第二，要对学生的大胆质疑持包容态度，让学生畅所欲言，勇于表达出自己的想法。

第三，要鼓励和倡导学生将所学的知识和想法应用于实践中，以此来检验其可行性。

8. 增加生活阅历

通过一些生活中的阅历，学生会不断提升自身的创新能力和创新意识。在平时的工作中，如果学生找不出一个好的方向，那么就从自己的实际生活出发，找到一个契合点，从中借鉴成功的经验，这样能够拓展自己的创新思维。

二、创新思维

创新思维是指在已经获得的知识和经验的基础上，提出新思路、新途径、新方式，并创造出具有一定价值的新观点、新理论、新方法等创新思维成果的一种思维活动（图5-3）。

（一）创新思维的类型

创新思维这一思维类型不是单一的，而是复合的，是综合起来的一种方式。具体来说，创新思维包括以下三种。

图 5-3 创新思维

1. 发散思维

发散思维是指在思考问题时,从一个思考点出发,朝着不同的方向思考,以得到多种不同答案的扩散状态的思维模式。发散思维具有以下几个鲜明特征(表 5-5)。

表 5-5 发散思维的特征

特征	具体阐述
变通性	变通性也称为"灵活性",是指提出设想时所表现出的灵活程度,是发散思维的关键。发散思维的变通性包括知识运用的灵活性、观察问题的多层次和多角度
独特性	独特性也称为"独创性"或"求异性",是指提出设想的新颖程度,是创新思维的基本特征和标志,是思维发散的目的和最高目标,是发散思维最本质的特征。独创性可以使思维突破常规和经验的束缚,获得新颖独特的创新成就
流畅性	流畅性是指单位时间内产生设想和答案的多少,是衡量发散思维速度的标准。发散思维的流畅性要求从一个已知的信息出发,构想出多种答案,以便为后面的思维提供更多的选择对象

2. 辩证思维

辩证思维是指客观地看待某一事物,并在头脑中形成反应,是辩证法的体现,它要求人们用系统全面的观点看待问题、分析问题。辩证思维是一种科学的思维形式,与其他思维方式存在差异,并具有系统性与全面性的特征。辩证思维也有很多方式,如抽象思维方式、具体思维方式、综合思维方式、分析思维方式、归纳思维方式、演绎思维方式等。这些方法是基于辩证思维的规律为指导的,是辩证思维的主要表现。

3.逆向思维

逆向思维又称为"求异思维""反向思维",是指在遇到问题时,从问题的对立面去考虑。让思维向着对立面的方向进行探索,即"反过来想""反其道而思之",敢于挑战权威和习惯,达到"出奇制胜"的目的。逆向思维的特征主要包括表5-6中的几个方面。

表5-6 逆向思维的特征

特征	具体阐述
普遍性	逆向思维在各个领域、各种活动中都得到了应用,所以,逆向思维在我们的现实生活中具有很大的普遍性
反向性	在现实生活中,正向思维是以往经验的总结,为解决一些常规问题提供了现成的思路,因而从一定程度上说是解决问题的有效途径,提高了工作效率。但是,如果这种"正向思维"被凝固、被绝对化,就会阻碍创新。需要指出的是,这个世界上不存在绝对的逆向思维方式,当一种公认的逆向思维方式被大多数人掌握并使用时,它就转变为正向思维模式了
批判性	逆向思维是对传统、惯例和常识的反叛,是对常规和权威的否定和挑战。在现实生活中,很多司空见惯的事情并不一定是对的,所以,对于任何事情都应持有怀疑精神和批判精神,这也正是逆向思维的重要特征

(二)创新思维的作用

创新思维的作用主要表现在图5-4中的几个方面。

(三)大学生常见的思维障碍

1.过于迷信书本

很多大学生过分相信书本,认为只要是书上说的就绝对是正确的。对此,大学生要有正确的认识,随着社会的不断发展,书本中的知识也需要不断更新,对于书本上的内容,大学生一定要有自己的正确认识,对于现实生活中与书本上不一致的内容,要勇于思考,有自己的主见。

```
┌─────────────────────────────────────────────────┐
│ 创新思维可以使人的认识能力不断得到提高      │
└─────────────────────────────────────────────────┘

┌─────────────────────────────────────────────────┐
│ 创新思维可以使人类知识的总量不断增加        │
└─────────────────────────────────────────────────┘

┌───┐
│创 │   ┌─────────────────────────────────────────────────┐
│新 │   │ 创新思维可以使人的潜能得到不断开发          │
│思 │   └─────────────────────────────────────────────────┘
│维 │
│的 │   ┌─────────────────────────────────────────────────┐
│作 │   │ 创新思维可以引导人们获得创新成果            │
│用 │   └─────────────────────────────────────────────────┘
└───┘
        ┌─────────────────────────────────────────────────┐
        │ 创新思维可以为实践开辟新的局面              │
        └─────────────────────────────────────────────────┘
```

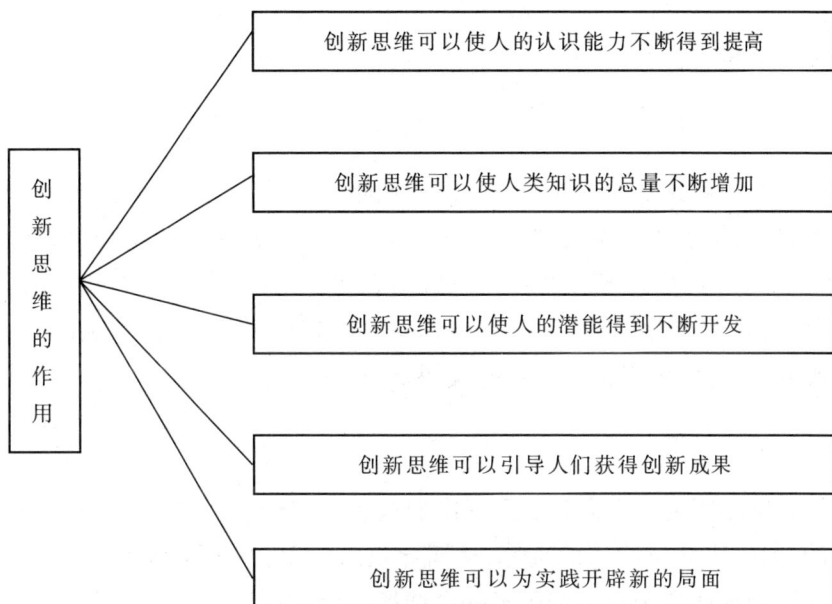

图 5-4　创新思维的作用

2. 盲目自大

盲目自大是指对自己过于自信,认为自己无所不能,认为自己的观点总是正确的,所以到哪里都指手画脚。对于这一点,大学生创业者也一定要突破这一思维障碍。

3. 受制于权威人士

大学生创业者一定要有清楚的认识,千万不能全部相信权威人士的话,因为,权威人士虽然对某一方面了解的比较多,但他们的一些观点有时也会存在偏颇,大学生创业者应该客观公正地去分析研究,一定要有自己的观点,具体问题具体分析。

4. 惰性和僵化麻木

由于惰性和僵化麻木的思维,我们经常会错过一些非常有价值的线索。好奇心是激发创新意识的动力,正是因为有好奇心,人们才有了创新的勇气和精神。人们要在学习与生活中学会创新,并获取成绩,对遇到的一些奇怪的现象,要善于观察,因为这些现象往往是人们忽略的现象。我们应该避免出现对那些应该探索的问题漠视的态度,避免错过一些重要的发现,对那些迟钝的现象进行克服与警惕。

5. 简单刻板

简单刻板就是在思考问题的时候思路比较单一,不懂得变通。对于一些简单的问题,刻板思维往往可以解决,但是如果问题比较复杂,那么刻板思维是很难解决的。在思维活动中,往往会存在一些变化的情况,面对这些变化,需要大学生将刻板思维打破,能够根据情况随时进行改变,对这些困境情况进行打破,从而实现自己的理想。

6. 屈从习惯

屈从习惯是指不会变更上一次的选择,按照上一次的选择做出下一次的选择,也就是所谓的重复,从而导致出现无法克服习惯的弊病。屈从习惯的特征在于总是按照某一个选择执行,不会做出新的选择。

7. 自卑自闭

自卑自闭是总感觉自己不会做,也不会去尝试。越是不敢尝试,就越缺乏自信。因此,应该敢于尝试与创新,这样可以不断建立自己的自信。

第三节　大学生创新教育的理念与主要内容

一、创新教育概述

创新教育是一种科学合理的现代教育,更适合人类的进步和发展,是在现实基础上培养创新人才的教育。

（一）创新教育的特征

创新教育的特征主要包括表 5-7 的几个方面。

表 5-7　创新教育的特征

特征	具体阐述
前瞻性	通过具体分析,可以将创新教育的前瞻性理解为:这是一种较高的教学目标,教师和学生通过相互配合、共同努力是可以实现的,同时,这一努力的过程中渗透了世界先进的教育理念、教学方法,同时还与我国的基本国情相结合。由此所得出的教学目标,不仅仅具有显著性、引导性和超越性特点,还能保证其可行性,能满足现代社会发展以及新课程改革的需求
全面性	创新教育对教育者的基本要求为:在教育创新过程中,不仅要考虑到学生对本科教材知识的接受程度,更要使学生在关注自身学科知识的同时,最大限度地理解其他相关知识,使学生得到更全面的发展,为他们未来的学习和生活奠定基础
实用性	实用性是创新教育非常重要的一个因素,也是实施创新教育的最终目的。创新教育作为一种实践创新的教育形式,一定要大力推广和普及,以此来进一步培养创新型人才,在国家建设方面也加以创新,使创新教育的实用性特征得到更加广泛的体现
时代性	我国的教育形式是随着时代的更替而不断发展的,从最早的私塾教育,到应试教育,再到素质教育,以及现在的实践创新教育,这一教育的发展过程也体现出了建设社会的发展历程。学校由被动的教育向"创新性教育"的转变和学生由机械式的学习向"创新性学习"的转变,是教育事业中最重要的两个转变,抓住了现代化教育改革的核心和本质,就能够将实施创新教育的鲜明时代性特征反映出来
探究性	学生在学习过程中,只有教师将探索的兴趣激发出来,才能使学生在主动参与到教学活动中产生动机和动力,学生的思维以及学习能力才能得到真正的提高和锻炼。因此,这就要求教师应当主动鼓励学生参与到课堂当中去,并且充分发挥自身的智慧,对教师在课堂上提出的问题进行思考,从而提出自己的解决方案。对于教师来说,要对学生积极提出自己的想法进行鼓励,以便保护学生的创新性,使学生在受到鼓励的状态下,更好地进行创新,保证学校创新教育的顺利实施
超越性	从本质上来说,所谓的创新教育就是教师要引导学生不断去超越与前进。使他们不怕问题的艰难,不满足于现状,更加发奋学习、努力思考。因此,这就要求教师必须对学生进行积极的引导,从而使他们进行自我超越,树立更高的理想、信念。这种信念与精神同样也是创新教育要达到的目的当中必不可少的。同样,教师自身也需要去超越自我,追求更高目标,勇往直前,不甘落后

续表

特征	具体阐述
应用性	随着社会的发展进步,科学技术的不断更新,新的教育思想、教育手段、教育器材层出不穷,这也进一步拓展了学生的思维、视野。在教学过程中,如果教师能够科学运用新奇的教育方法,那么所起到的作用则是非常显著的,但是不管创新理论怎样变化,有一点是不变的,即基本目标,其仍然要与教学大纲相契合,仍然以课程中心思想为参照的重要核心依据,由此,要保证创新教育的顺利落实,与实际教学应用相结合是一种必然,这对于国家的可持续发展也是有利的

（二）创新教育的原则

1. 主体性原则

以主体性原则为依据,一方面,要尽可能地为学生提供独立活动的机会、时间和空间;另一方面,主体性学习应有"质"的规定性,从实质上来说,主体性学习要求学生在学习方面有显著的积极性、主动性、独立性和创造性。

2. 启蒙性原则

启蒙性原则就是将创新教育的实施时间尽可能地提前,启蒙教育是创新教育的起点。从世界范围来说,不管是发达国家还是发展中国家,对包括学前教育阶段的科学启蒙教育在内的基础教育都是非常重视的。这是大势所趋,因此,我们必须在学前教育和小学教育阶段就将学生探索精神、科学态度和方法的培养作为关注的重点。

3. 德育为先原则

创新教育的实施就是为了通过博大的人文精神去熏陶受教育者,使其具有充分的创新能力,并以此来为社会的发展做出贡献。一个人的社会公德和职业道德也在很大程度上影响甚至决定着其事业的成败。因此,对于教育者来说,其在创新教育中应该担负的职责有两个。

第一,教会学生如何做人。

第二,教会学生如何思考。

4. 问题性原则

问题性原则是指教育者在实施创新教育过程中,以问题为线索来进行进一步的探究、发现、创新,教育者在实施创新教育教学过程中,要对以下几个方面加以把握。

第一,设计问题时要注意新颖性与层次性相结合。

第二,教育者要让学生通过自己的探索去发现结论和方法,不要直接提供答案。

第三,教育者要允许和接受学生提出的任何问题,使学生逐步做到想问、敢问和善问。

5. 发展性原则

发展性原则是指创新教育是发展性教育,作为发展性教育,创新教育要以学生的身心发展规律为依据,实现学生认知和个性发展的和谐统一。在实施创新教育中,教师要将学生智商的发展与情商发展同样重视起来;将学生人格的健全与认知水平的提高也同样加以重视,不可忽视其中之一。

6. 开放性原则

创新教育的开放性是指创新教育在教学实践中的教学空间应是开放的。创新教育的实施遵循开放性原则,要求做到以下几方面。

第一,教学内容不会因为教材和教师的知识视野而受到限制。

第二,学生在课堂学习过程中要保持开放自由的心态,切忌压抑。

第三,教育方法也应该是开放性的,不受到任何条条框框的限制。

第四,教师要高度重视学生的开放性思维训练,不应轻率地否定学生的探索。

7. 民主性原则

民主性原则指在实施创新教育过程中,教师要发扬民主精神,营造有利于学生创新的民主氛围。教师要善于将学生的主动性和积极性充分激发出来,还要将师生之间、学生之间民主、合作的和谐关系体现出来,要让学生主动将自己的想法表达出来。

8.创新性原则

在创新教育过程中遵循创新性原则应做到以下几方面。

第一,采取积极鼓励的方式,激励学生大胆运用假设,增强创新的可能性。

第二,选择的问题应是开放性的,以此来尽可能激发学生的思维。

第三,对学生思维的流畅性、变通性和精确性进行引导,使其具有一定的灵活性和变通性。

二、创新教育的理念

创新教育的理念包括图 5-5 中的内容。

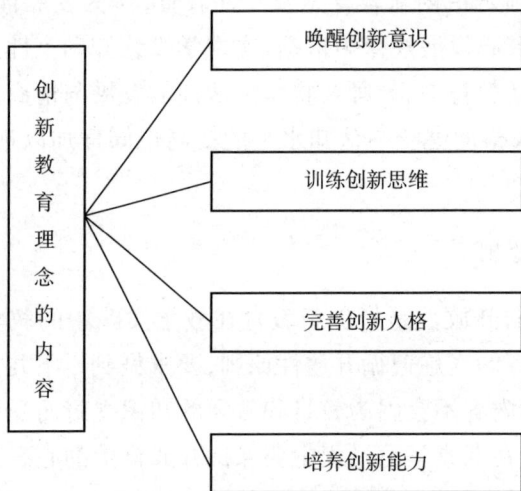

图 5-5　创新教育理念的内容

（一）唤醒创新意识

创新意识是在一定价值观的指导下所表现出来的创新愿望、企图与动机。唤醒创新意识,明确创新意识更细致的内涵,保持求知欲、激发好奇心、培养和挖掘想象力、大胆质疑等,这些都是必不可少的方法。

（二）训练创新思维

创新思维是指以新颖独创的方法解决问题的思维过程。创新思维能力需要经过长期的知识积累、智能训练、素质磨砺才能具备。创新思维过程也离不开推理、想象、联想、直觉等思维活动。培养学生的创新思维，必须破除思维定式，拓展思维深度。

（三）完善创新人格

创新人格是一个人能够长期持久地、坚忍不拔地从事创造性工作的内在动力。因为具有创新人格的人，通常具有远大的理想、坚定的信念、高尚的情操、坚强的意志，所以完善创新人格也是创新教育的重要内容之一。

（四）培养创新能力

创新能力是由各种能力组成的综合能力，学校应努力提升学生的创新能力，为学生走向社会打下基础，使学生在今后的工作岗位上具有一定的创新自己本职工作的能力，即产生新的思路、方法、措施，产生更大的工作效益。个人创新能力的形成主要通过自身的工作实践实现。通过学习、实践、再学习、再实践，不断改进工作，逐步产生新的工作感悟，形成创新能力。

三、创新教育的内容

创新教育的主要内容包括以下几方面。

（一）发现教育

发现教育的目的是培养学生积极探索求知的精神，以及发现新事实、新规律、新问题、新需求、新机遇的能力。发现教育就是要培养学生强烈的好奇心、旺盛的求知欲和敏锐的洞察力，把探索科学的奥秘作为终身的追求，从观察到的大量事实中找出问题的关键所在。要通过发现教育让学生知道，世上还有许多事物的规律尚未被人们认识，等待他们去观察、探索和发现。

（二）人格教育

人格教育的目的是培养学生更加健全、完整的人格。创新能力与人格有着非常密切的关系。从创新教育的角度来说，良好的人格对于塑造美好的人格特征，对今后从事创新活动、取得事业成功具有重要作用。人格教育应当特别注意帮助学生树立正确的人生观和价值观。应当让学生理解和亲身体会到，对发明创造者而言，工作便是一种无与伦比的享受。发明的目的不仅在于赢得名声和财富，更重要的是展示人生的价值，为社会和人类造福，这是一种崇高的生活方式。

（三）发明教育

培养学生提出新设想、构造新事物的能力是发明教育的目的。发明教育要做到以下几方面。

第一，教育学生善于利用前人的发明创造启发自己的思维。

第二，教会学生掌握若干种发明的技法，特别是列举法、移植法、检核表法等。

第三，通过大量发明事例的介绍，消除大学生对发明的神秘感，相信自己有创造发明的能力。

第四，创造条件，使学生在科技小发明、小制作实践活动中不断提高构思和动手能力，鼓励学生参加各种形式的发明比赛。

（四）艺术教育

艺术教育是要提高人们对美的感受和理解，培养对艺术的表现力和创造力。艺术教育必须进行必要的技术训练，掌握一定的技能。艺术教育十分有利于学生创造才能的发展。因此，学校应大力加强对学生音乐、美术等课程的教育，组织多种艺术活动，激发学生的艺术想象力、表现力和创造力。

（五）信息教育

信息教育也叫情报教育，是培养学生获取、整理、储存和运用信息的能力，教会学生充分利用报刊信息、网络信息、视频信息、专利信息和市场信息，进行信息的分析、加工和重组，为创新活动服务。现在老师和家长都很担心学生上网影响学习,引导学生正确上网,可以采取以下方法。

第一,经常推荐一些积极健康的网站。

第二,努力规范网络行为,加强学生自控意识。

第三,规范教学行为,正确引导学生使用网络。

第四,培养信息识别能力,提高学生网络学习的质量。

（六）个性教育

个性教育就是通过开展各种各样的活动,及时发现学生的智慧潜能和创造力并加以鼓励和培养,使学生的个性得到充分发挥。事实证明,各种不同类型的创新型人才,其知识结构都是不同的。在保证基础知识教育的前提下,使学生的个性得到充分、自由的发展是培养创新型人才的有效途径。

（七）未来教育

未来教育的目的是让学生树立面向未来、具有大局意识的思想,了解人类社会未来的发展趋势,了解中华民族所面临的机遇和挑战,了解未来社会需要什么样的人才,以增强学生的使命感和责任感,改变学生原有的思维方式,使其明确今后的前进方向,为创造美好的未来、为中华民族的全面复兴而努力学习。

第六章　大学生就业教育研究

　　大学生是祖国的未来和民族的希望,目前,随着高等教育的扩招,大学生的数量不断增多,大学生的就业形势非常严峻。大学生要想顺利就业,就一定要做好相应的准备。本章对大学生就业教育的相关知识进行了研究,以期能够为大学生顺利就业提供帮助。

第一节　大学生就业的准备

一、大学生就业知识的准备

（一）大学生合理的知识结构

大学生要想在就业的大潮中立于不败之地，就必须拥有合理的知识结构。大学生必须具备表 6-1 所述的知识结构。

表 6-1　大学生合理的知识结构

知识结构	具体阐述
扎实的基础知识	大学生在毕业前，必须掌握扎实的基础知识，积极拓宽自己的知识面，这样才能有效地为毕业后的择业、就业创造更多的机会
系统的马克思主义理论知识	高校大学生不仅要具有较高的文化素养，还应该具有系统的马克思主义理论知识，只有这样，才能成为合格的社会主义建设者和接班人，也才能在激烈的竞争中立于不败之地
精深的专业知识	专业知识是指大学生在大学期间需要学习的本专业的学科知识，是大学生走向社会、成功就业的前提，只有拥有了精深的专业知识，才有可能充满自信地在其他方面努力去提高自己，让自己变得更好
广博的相关知识	大学生知识面偏窄的问题主要表现为非专业知识的贫乏，而实际社会中对"通才"的需要却远远大于对"专才"的需要。作为一名大学生，应该利用在校学习的时间，不断完善自身的知识结构，如果知识面太窄，则难以适应工作的需要；缺乏本行业的专业知识，就无法实施具体的工作。因此，大学生在学习过程中，应把这两方面结合起来，努力成为复合型人才

（二）做好知识储备

1. 正确认识、科学评价自我

大学生要根据自身的情况、所学专业的特点做好职业目标的知识储备，必须明白自身的优势和不足，认识到优化知识结构的必要性以及选择合理知识结构的优化模式。大学生如果只选择了优化模式,但自身并不努力,也不能获得合理的知识结构。

2. 以兴趣为基础,以专业为导向

一个人知识结构的建立必须考虑知识结构与目标方向之间的协调性,必须考虑社会的需求和自己的兴趣爱好。一方面,大学生要充分认识到所学的知识和技能对社会、自身的重要作用,从而产生强烈的学习兴趣,另一方面,大学生应根据社会需求,结合个人的具体情况,明确在不同学习阶段和不同课程中的任务,并以取得的阶段性成果来激励自己。根据拟定的知识结构,将自身的知识结构按整体性要求以及层次进行优化组合,并构建出一套适合自己的知识结构体系。

3. 掌握科学的学习方法

要敢于质疑,学会创造,善于自学,自主学习,高效率地吸取、整合和创造知识。同时,在学习中不断地调整知识结构,使之更加合理。

4. 遵守知识体系的基本规则

大学生在学习活动中必须遵守由易到难、由浅入深、由简到繁、由近到远的基本规律,必须学好基础理论知识,按照教学计划规定的课程顺序系统地进行学习。

5. 运用好学习工具

大学生可以结合自身特长爱好,运用学习工具,努力拓展自身素质,开阔眼界、活跃思想、触类旁通,全面提升个人综合文化素质。大学生应在注重学习的同时,有效利用图书、网络和社会实践等学校资源。

6. 掌握知识的积累途径

一个人如果想在其所从事的工作领域中有所建树,就必须要有该领域的大量知识作为基础。因此,大学生要不断地进行知识的积累。从整体上来说知识的积累有两种途径:一是从书本中获得知识,即从对书本的学习中获得知识;二是从实践中获得知识,即通过实践来获得相关的知识。这两种途径各有长短,它们相互依存、相互补充、相互发展,二者都不能偏废。

二、大学生就业能力的准备

（一）大学生应具备的就业能力

1. 良好的学习能力

不同的知识体系只有处于一个合理的结构之中，才能使其静有其位、动有其规、各显其能、优势互补。知识结构因人才类型、层次而异，不存在固定的普遍的模式。因此，大学生一定要具备良好的学习能力，从而不断学习更多的知识，以适应环境的变化。

2. 良好的创新能力

大学生要想具备良好的创新能力，就必须首先具有良好的创新思维。创新思维是能摆脱成见、标新立异、在认识上产生新的突破的思维，是人类的一种高级思维活动。它是抽象逻辑思维与具体形象思维的统一、分析思维与直觉思维的统一、顺向思维与逆向思维的统一、发散思维与聚合思维的统一，以及智力与非智力因素的统一。如果思维活动懈怠，就不可能有创新。

3. 与他人团结协作的能力

合作精神也是当代大学生在处理人际交往关系时应具备的能力。合作精神是人们处理人际交往关系的重要伦理准则，是维护国家统一和社会稳定的精神力量。当今时代已是一个充满竞争的时代。然而，竞争与合作是共生共存的。不能为了团结合作就放弃正当的竞争，也不能因为竞争而破坏团结与合作的人际关系。

4. 良好的适应能力

在人的一生中，个体的内外环境都在不断发生变化，而且变化很大，这往往是人力所无法控制的，所以在人的一生中被动地适应和主动地适应都是必要的和不可避免的。环境改变，人人都会有些紧张，有的人能随遇而安很快适应，有的人则很久无法适应，甚至焦虑不安、心悸失眠，出现各类精神症状和躯体症状,表现出很差的适应能力。因此,对变动着的环境能够很好地适应,是心理健康的重要标志。

5.良好的审美能力

(1)树立正确的审美观。人们只有树立正确的审美观,才可能确立科学、客观的审美标准,养成健康的审美情趣,具有崇高的审美理想。

(2)掌握必要的审美知识。大学生应多学习掌握一些审美知识,重视从各个时代、各个类别的艺术作品中汲取美的营养,以丰富和充实自己的审美理想,学会鉴别美与丑。

(3)积极参加审美实践活动。大学生只有积极参加各种形式的社会实践活动,才能在丰富多彩的社会生活中思考和探索美的问题,从根本上提高审美能力。

(二)做好就业能力储备

1.发展兴趣

兴趣对培养能力相当重要。杨振宁博士在总结科学家的成功之路时说成功的秘诀是兴趣。因此求职者要围绕所学专业发展自己的兴趣爱好,并以这些兴趣为动机,加强相关知识的学习和积累,从而更好地发挥自己的优势。

2.积累知识

大学生在校期间,一定要注意拓宽自己的知识面,勤奋学习,需要说明的是,才能并不是知识的简单堆积,而是知识的结晶。这里的结晶包含对知识的提炼和改造。要做到这一步,除了要掌握一定的知识外,还要有科学的思想方法和熟练的技能技巧。

3.加强思想道德的培养

用人单位在选用人才时,将个人的业务能力和道德水准放在同等重要的位置,有时对道德素质的要求甚至高于对业务能力的要求。因此,大学生要注重自身思想道德水平的提高,要学会基本的做人原则,讲究人品,讲究诚信,增强自己对社会、对国家、对单位、对他人的责任感,在追求个人利益和自我价值的同时，为国家、社会、人民做出应有的贡献。

4. 勤于实践

能力是在实践过程中形成并通过实践表现出来的，因此实践是培养能力的重要途径。大学生搞义务家教、当清洁保洁员、参加社区服务等，这些活动不仅陶冶了他们的情操，同时也促进了他们各方面能力的提高。

三、大学生就业心理的准备

当前激烈的就业竞争环境给大学生带来了较大的心理压力。大学生的求职过程是一个复杂的心理变化过程，在求职过程中可能会面临各种心理冲突，这就要求大学生一定要有良好的就业心理准备，具体来说，大学生应做到以下几方面。

（一）树立正确的就业观念

树立正确的就业观念包括表 6-2 所列的几方面内容。

表 6-2　树立正确的就业观念

正确的就业观念	具体阐述
树立主动就业的观念	当代大学生要理性地看待目前严峻的就业形势，要认识到机遇往往是与挑战并存的。在面对新的机遇和挑战时，大学生应积极把握，理性选择，走适合自己发展的道路。要不断提升能力，适应社会需求；积极参加招聘活动，认真把握每次就业机会，只有主动就业，才能充分就业
树立面向基层就业的观念	基层就业就是到城乡基层工作。国家出台了一系列优惠政策，鼓励高校毕业生积极参加社会主义新农村建设、城市社区建设和应征入伍。近年来，"大学生志愿服务西部计划""三支一扶计划""选聘高校毕业生到村任职工作""农业技术推广服务特设岗位计划"等政策纷纷出台，促进了大学生调整就业期望、转变就业观念，促使更多大学生到基层去寻求更广阔的发展空间和机会
树立"先就业、后择业"的观念	先就业后择业不仅能够缓解大学生就业压力，而且能够让大学生毕业有去处、生活有来源、发展有机会，为大学生立足社会和寻求发展奠定了经济基础。大学生在工作实践中增加才干，提高能力，再次择业时会处于更有利的地位

续表

正确的就业观念	具体阐述
树立自主创业的观念	就业是民生之本,创业是就业之源。党和国家通过了一系列政策,引导与支持大学生自主创业,高等院校也重视对学生创业教育实效的培养,使当代大学生创业意识和创业精神得到了提高,创业的热情和动力在不断迸发,涌现出不少成功创业的典型,有效减轻了社会的就业压力

（二）正确认识自我

大学生一定要正确认识自我,对自我有一个清楚的认识,概括来说,自我的特征主要包括表 6-3 所列的几方面。

表 6-3　自我的特征

特征	具体阐述
自觉性	自觉性表现为个体对自己及自己与周围的关系有清醒的认识,能使心理活动处于自觉的状态中
能动性	能动性表现为个体在自我认识的同时,还能调控个体的行为与心理,按照自我要求不断完善自己
社会性	社会性表现为自我的行为要受到社会的制约。个体自我需要的实现只能在一定的社会经济结构中才有可能,任何人都不能脱离社会而单独存在

（三）树立自信心

自信是成功的源泉,只有自信、坚强、勇往直前,才能发挥潜在的实力,激发智慧的火花,达到胜利的彼岸。大学生要想树立自信心,就要从以下几个方面着手。

第一,看到自己的长处、优势,相信自己的能力。认识到别人也不一定什么都好,自己也不是事事不如人。其实,并不是每个招聘者都是学识渊博的。他们也同你一样,都是普普通通的人,了解了这一点就会增加自信心。

第二,提高自己的能力水平,积蓄自信的资本,这是树立自信的最根本途径。自信要有扎实的文化基础和良好的道德素质做资本、做后盾。

第三,每个人都有自己的缺点和不足,也有优点和特长。多想想自己的优点、优势和特长。可以肯定地说,坚定、自信是求职成功的基础。

四、大学生就业材料的准备

（一）整理就业材料的步骤

整理就业材料的步骤如图 6-1 所示。

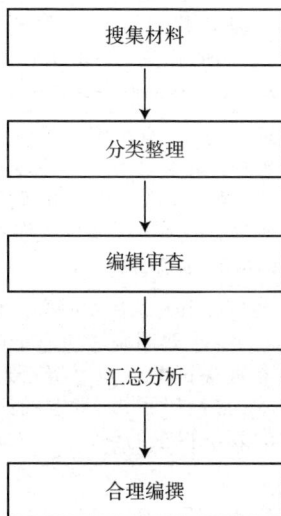

```
┌─────────────┐
│   搜集材料   │
└──────┬──────┘
       ↓
┌─────────────┐
│   分类整理   │
└──────┬──────┘
       ↓
┌─────────────┐
│   编辑审查   │
└──────┬──────┘
       ↓
┌─────────────┐
│   汇总分析   │
└──────┬──────┘
       ↓
┌─────────────┐
│   合理编撰   │
└─────────────┘
```

图 6-1　整理就业材料的步骤

（二）求职信

求职信是求职者写给用人单位的信，目的是让用人单位了解自己、相信自己、录用自己。

1. 求职信的格式要求

求职信的格式要求如表 6-4 所示。

表 6-4　求职信的格式要求

格式要求	具体阐述
标题	标题通常只有"求职信"三个字
称呼	称呼要恰当。求职信的称呼要比一般书信的称谓正规，称呼要随用人单位不同而变通。对于不甚明确的单位，可写成"尊敬的领导"等；对于明确了用人单位负责人的，可以写出负责人的职务、职称。称呼可以表现出你对用人单位的初步了解。称呼写在第一行，顶格书写，之后用冒号，另起一行写上问候语"您好"

格式要求	具体阐述
引言	引言包括姓名、就读学校、专业名称、何时毕业等基本情况。引言的主要作用是尽量引起对方的兴趣看完材料,并自然进入主体部分,开头要引人瞩目,说明应聘缘由和目的
主体	主体部分是自荐信的重点,简明扼要并有针对性地概述自己,突出自己的特点,并努力使自己的描述与所聘职位要求一致,切勿夸大其词或不着边际
客套话	在客套话部分中,应对用人单位进行适当的赞誉,进一步表明自己想在此单位工作的迫切愿望,写出自己对用人单位情况的了解,谈及该单位的名声、管理宗旨、工作业绩或其他使他们感到骄傲的东西,以表达你对他们公司有所了解,再次表明自己应聘的原因
结尾	结尾首先应对用人单位花时间读你的信表示感谢,并再次表明自己的决心;要明确表达出希望对方给予答复,并盼望能有机会参加面试的强烈愿望;要留下你的电话、E-mail 等联系方式,最后以积极、肯定的语气结束自荐信,同时要写上简短的表示祝福的话语,如"此致""敬礼""工作顺利"等
落款	落款包括署名和日期。署名应写在结尾祝词的下一行的右后方。日期(年、月、日)应写在名字下面。若有附件,可在信的左下角注明,如"附1:个人简历""附2:成绩单"等

2. 撰写求职信的注意事项

第一,对所求的职务及自己的能力要进行客观的评价,这是求职的关键部分。

第二,应聘不同的雇主和行业,你的求职信要量体裁衣,做到随机应变。

第三,事先细心阅读招聘广告,收集有关资料,针对每一项要求来撰写。

第四,集中精力写具体的职业目标。

第五,内容要精练,直奔主题,段落要分明,条理要清晰。

第六,提出你能为未来的雇主做些什么,而不是他们为你做什么。

第七,杜绝雷同。

第八,信息要真实,大学生要在保护自己隐私的前提下,提供自己的真实信息。

（三）个人简历表

个人简历是求职者给招聘单位提供的一份简要的自我介绍。一份良好的个人简历对于获得面试机会甚至应聘成功至关重要。个人简历的描述如图 6-2 所示。

图 6-2　个人简历描述

1. 个人简历表的构成

将个人简历做成表格形式提供给用人单位就是个人简历表。个人简历表一般由表 6-5 所列的内容构成。

表 6-5　个人简历表的构成

内容	具体阐述
标题	一般为"简历""个人简历"或"求职简历"
基本信息	主要包括姓名、性别、出生年月、民族、政治面貌、家庭住址、邮政编码、联系方式、电子信箱等有关信息
求职意向	表达自己愿意从事的职业和可以胜任的工作
教育背景	按时间顺序列明大学期间的主要课程、研究项目、个人进修或培训的单位、专业和时间
实习经历	适当介绍实习单位情况，按时间顺序列出实习单位的部门和科室，简述工作期间的工作职务、职责及离任时间，应该突出取得的成绩和收获，从工作中学到的技能和素质等

续表

内容	具体阐述
社会实践和课外活动	这是简历的主体部分。近年来,越来越多的用人单位希望招聘到具备一定应变能力、能够从事各种不同性质工作的大学生。学生干部和具备一定实际工作能力、管理能力的毕业生颇受用人单位的青睐
所获荣誉	在××学年获得××级别的奖学金、三好学生、优秀学生、优秀学生干部等;如果能把获奖难度以数字或获奖范围来表示,可以突出奖项的含金量。对于大量性质、级别类似的奖励可以分门别类地描述
兴趣爱好	不要罗列太多,因为在很多方面都优秀的人毕竟是少数。个人兴趣爱好要具体,不能只写"音乐、读书、运动"等概括性的词汇。最好写能够体现你的某种素质和能力的兴趣爱好,如球类运动能体现团队协作精神;棋类运动能体现思维缜密、逻辑性强,具有战略意识;演讲和辩论能反映人的沟通和表达能力
求职照片	求职照片的主题是求职者本人,主要展示主人个性化的真实一面,一般用近期正规的半身免冠照即可
目标意向	求职者根据用人单位的招聘信息,说明自己主要应聘什么职位,一般写上1~2个,而且这两个求职的目标不要相差太远。当你不知道用人单位的职务空缺情况时,就只能根据自己的专业特长、兴趣爱好表求职意向。对求职的表述应力求简要清楚
自我评价	在简历的结尾留出一格,用100~200字写一份个人鉴定

2. 制作个人简历的要求

大学毕业生在制作个人简历时,需要遵从一定的要求,具体有以下几个。

(1)主题鲜明,条理清晰。一份较好的个人简历必须中心内容突出,主题鲜明,条理清晰,而且整个简历要围绕一个主题,主要的可以多写些,次要的可以少写或者不写。

(2)结合岗位特点体现自己的个性。不同的岗位对求职者有着不同的要求,因此大学毕业生在制作自己的个人简历时要注意岗位的特点,并注意根据岗位的需求特点对自己的个性进行恰当展示。

(3)篇幅适宜。简历要尽量短。如果能用一页纸清楚地表达自己的想法,就不要用两页纸。

(4)言辞简洁直白。大学生的求职简历有很多言辞过于华丽,形容词、修饰语过多,这样的简历一般不会打动招聘者。

(5)避免错误。在个人简历中,如果基本汉字或表达语法出现错误,那么用人单位会认为求职者连最基础的知识都不具备。因此,在制作个人简历时绝对不能出现错误。个人简历制作完后,可以请同学、友人或老师帮忙看一下是非常有效的办法。

第二节　大学生就业的技巧

大学生就业的技巧有很多,本节仅对大学生就业的面试技巧及笔试技巧进行简要阐述。

一、大学生就业的面试技巧

(一)面试的概念

面试是指为了更深入了解应聘者的情况,判断应聘者是否符合工作需要而进行的招聘人员与应聘者之间面对面的接触(图 6-3)。面试是招聘者对应聘者的口头测试过程。随着就业市场化进程的发展,面试越来越成为大学生职业选择过程中的必经之路。

图 6-3　面试

（二）面试的特点

面试具有显著的特点，概括来说主要包括图 6-4 所列的几方面。

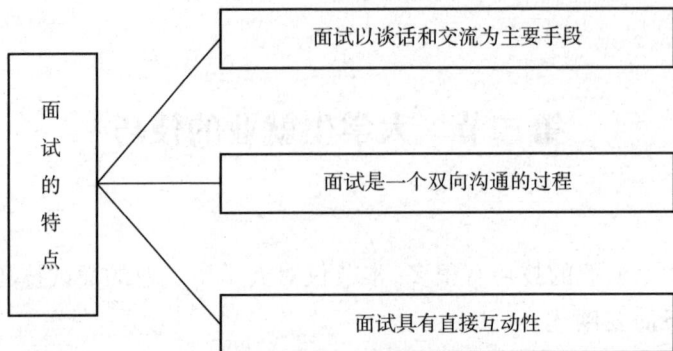

图 6-4　面试的特点

（三）面试的作用

面试是通过面对面交谈对应试者进行考核的一种方式，其具有重要的作用，概括来说主要包括图 6-5 所列的几方面。

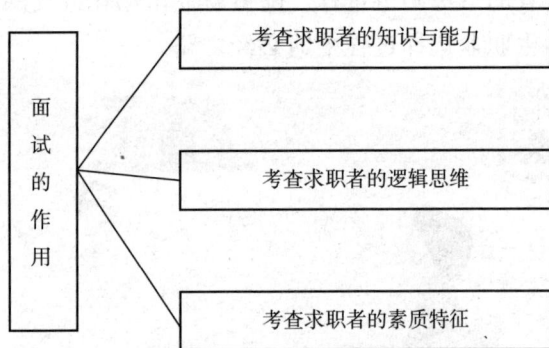

图 6-5　面试的作用

（四）面试的相关技巧

1. 了解对方

为了使面试取得预期满意的效果，求职者首先要对用人单位的工作性质、业务范围以及发展态势等做充分了解,尤其是对用人单位招聘的工作岗位是否适合自己要做到心中有数。

2. 认识自己

与家人或者熟悉自己的老师、亲友倾心交谈,征询他们的意见,促进自我了解,从而做好自我介绍。

3. 准备面试资料

第一,准备好自己的求职材料,如简历、各种证书、奖状、证明材料、推荐表和成绩单等的原件、复印件,还有照片,按顺序排好、装订,整齐有序地放在书包或文件夹中。

第二,带上记录本和笔,以备急需。

第三,准备一个大小合适的公文包或书包。

4. 做好面试心理准备

(1)树立求职面试的自信心。从学校生活到参加工作,这是人生的又一转折点,特别是参加面试,面对将决定自己命运的众多考官,自然难免一个"怕"字,也不要紧张(图6-6)。在这时,要克服畏惧心理,增强自信心。要看到自己的长处和优势,消除自卑感,鼓起勇气,充满信心,以挑战者的姿态去迎接求职面试这一仗。

(2)思想上充分重视。这是做好面试准备的基础,特别是第一次参加面试,其经验至关重要,一定要从思想上重视起来,不要抱着试一试、结果无所谓的态度。

(3)增强面对挫折的心理承受能力。对大多数同学来说,求职不可能一帆风顺,也会遇到各种意想不到的挫折。因此,一定要有面对挫折的心理准备。不要灰心丧气,也不要怨天尤人,要冷静地分析失利的原因,多从自身查找原因,及时总结教训,多方面弥补不足,适当调整求职目标,以迎接新的挑战。

图 6-6　面试紧张

5. 掌握面试的原则

面试的原则如表 6-6 所示。

表 6-6　面试的原则

原则	具体阐述
走向成功的自信原则	不管在什么条件下,应试者始终要向用人单位传递这样的信息:你拥有帮助用人单位实现预期目标的潜在能力,是单位的有利资产而非包袱
强烈的工作意愿原则	面试时,应试者要随时保持对工作的高度热忱与兴趣,适时地提出应聘某工作中应该注意的各种事宜,让用人单位明确知道你非常需要这份工作
诚恳原则	面试前充分准备,临场时充分表现,这些都是诚恳的最好表现
充分拓展合作能力的原则	面试时,应试者应举例说明在校期间开展的各种社团活动的组织、实施及获奖情况,因为这些内容涉及进入用人单位后与主管、同事配合工作的问题。一个容易与人沟通、协调的应试者往往更能得到主考官的青睐

6. 了解面试单位的概况

为了能够使面试工作进行得更顺利,面试前应试者必须对面试单位进行摸底调查,对其全面了解,做到心中有数。以企业单位为例,其工作思路可以从表 6-7 所列的几方面考虑。

表 6–7　了解面试单位的概况

概况	具体阐述
规模	指面试单位的注册资金、资产总值、职工人数、专业技术人数、企业建立时间、总公司地点、子公司或分公司地点等情况
性质	指面试单位的类型,包括政府部门、国有企业、事业单位、民营企业、私营企业、股份制企业、有限责任公司、中外合资企业、独资企业、跨国公司等
产品	指面试单位的主要产品、经营范围、国内经销产品、国外经销产品、合作开发产品等内容
主管部门	指面试单位的上级主管部门。了解其有无进入审批权,为签订协议做准备
待遇	指面试单位的人事制度、初级工资、奖金情况、加薪时间、现阶段的失业保险、养老保险、医疗保险、公积金福利待遇等
发展前景	指面试单位近期产品生产量为多少、销售量为多少、利润额为多少。运用这些基本数字分析面试单位是属于"朝阳企业"还是"夕阳企业"

7. 明确应聘动机

面试时,用人单位往往要向应试者提出"为什么你要应聘这份工作"的问题。这个问题几乎成为所有用人单位必问的重要话题。通过应试者的表述,用人单位能了解应试者来本单位工作的目的和动机,考查其工作态度是否端正,是否有培养前途,能否在本单位长期工作。

8. 提高综合素质

面试时,考查应试者的综合素质已成为每个用人单位选拔人才的首要任务。综合素质的面试内容主要包括图 6–7 所列的几个方面。

二、大学生就业的笔试技巧

（一）笔试的概念

笔试是指用人单位采用书面形式,对应聘者所掌握的基础知识、专业知识和心理健康等综合素质进行的考察和评估(图 6–8)。

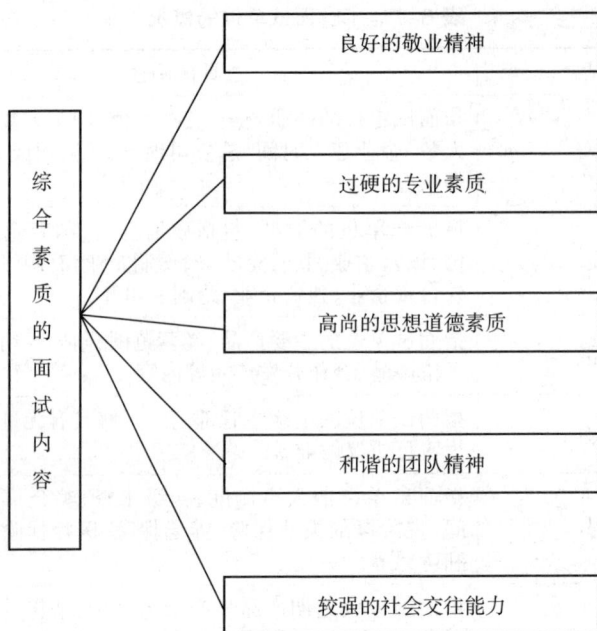

图 6-7　综合素质的面试内容

图 6-8　笔试

（二）笔试的特点

笔试具有显著的特点，概括来说主要包括图6-8所列的几个方面。

表6-8　笔试的特点

特点	具体阐述
客观性	笔试的试题、评分标准以及考试时间等情况对于广大考生而言基本是一致的，另外，现在的考试也越来越多采用客观题的题型和密封改卷的方式来进行。所以，与面试相比，笔试受面试官感情因素的影响较小，具有客观性的特点
公平性	由于笔试的规范性和客观性的存在，因此广大考生就处于同一条起跑线上公平竞争，这有利于从众多的考生中间选拔真正优秀的人才
规范性	无论是关于考试命题、考场的设置，还是考试的进行，到评卷以及最后成绩的公布，这一系列过程都非常强调规范，禁止泄露命题、操纵考场等各种徇私舞弊行为发生，以此来保证笔试的客观性及公平性
广泛性	与面试相比，由于笔试不太容易受时间、空间上的限制，因此用人单位往往会在同一时间组织多人参加笔试，从而在更加广泛的范围之内择优录取，选拔出真正需要的人才
专业性	在实际的考试过程中，用人单位组织的各类招聘考试往往与其行业有着密切的联系，最终目的也是为了检验求职应聘者的真实专业水平以及相关的实践能力是否适合工作岗位的需要。因此大学毕业生要尽可能地选择专业对口的用人单位

（三）笔试的相关技巧

1. 了解笔试重点，进行认真复习

第一，及早树立就业意识，提前做好就业方面的准备。

第二，良好的笔试成绩来自平时的积累。基础扎实的毕业生在笔试时会信心十足、得心应手。

第三，查阅一些笔试的试题，有针对性地加强这方面的训炼。

2. 了解笔试目的，运用综合能力

针对不同类型的考试，翻阅应试资料，有针对性地进行复习。复习准备应考虑到单位、岗位的特点，从而做好相应的准备。

3. 保持良好的状态

第一,笔试前一天注意休息,不要因为太过紧张而影响自己的睡眠,这样会导致第二天状态不佳。

第二,不要给自己太多的压力,告诉自己这只是一个简单的考试,如果考不好可能还会有更好的机会等着你。

第三,在考试之前尽量去参加一些文体活动,从而放松自己的身心。

4. 掌握笔试的方法

第一,先易后难,先简后繁。

第二,保持卷面整洁。

第三,精心审题,字迹清楚。

第四,积极思考,回忆联想。

第三节　大学生就业权益与就业陷阱研究

一、大学生就业权益研究

(一)大学生就业权益的具体内容

大学生就业权益是指大学毕业生在择业过程中和入职后依法享有的相关权益,其具体内容包括图 6-9 所列的几方面内容。

除了解图 6-9 中提到的权利外,大学生还享有就业协议的权利以及依据法律和国家有关规定应享有的其他权利。

(二)大学生求职过程中的权益保护

知法、守法、护法是对每一个公民的基本要求,大学毕业生在就业过程中,如发生个人合法权益受到侵犯,应勇敢地拿起法律武器来保护自己的权益。对自身权益的保护主要通过图 6-10 所列的途径来实施。

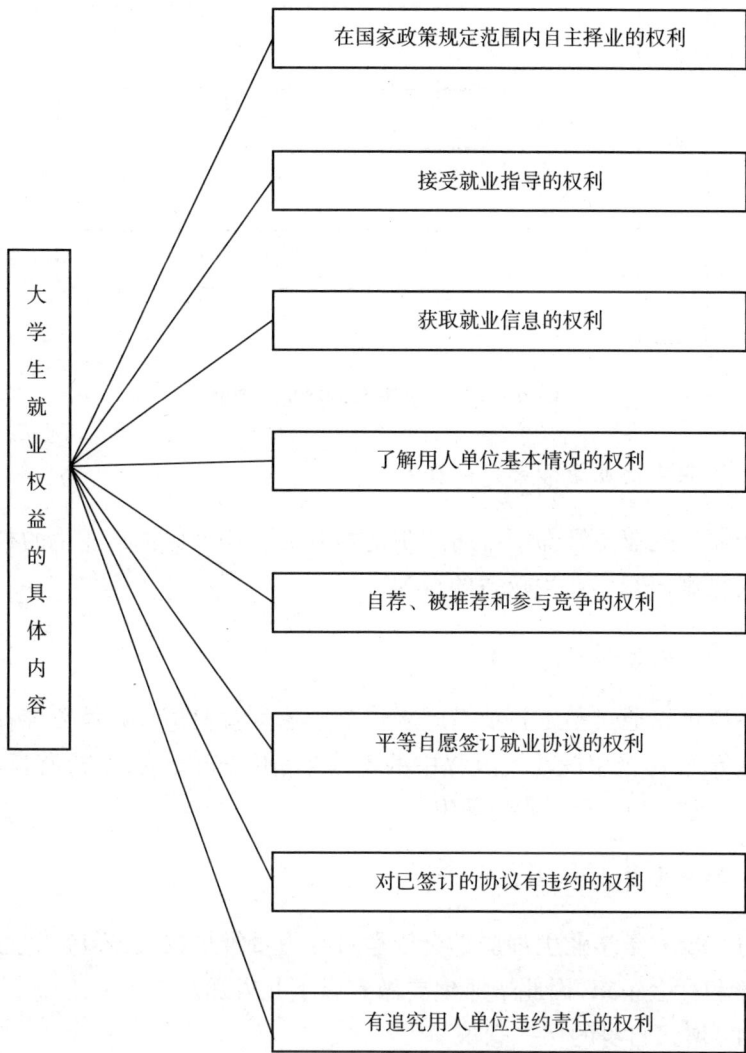

```
                    ┌─────────────────────────────────┐
                    │  在国家政策规定范围内自主择业的权利  │
                    └─────────────────────────────────┘

                    ┌─────────────────────────────────┐
                    │        接受就业指导的权利          │
                    └─────────────────────────────────┘

                    ┌─────────────────────────────────┐
                    │        获取就业信息的权利          │
┌──────┐            └─────────────────────────────────┘
│ 大学  │
│ 生    │           ┌─────────────────────────────────┐
│ 就    │           │    了解用人单位基本情况的权利      │
│ 业    │           └─────────────────────────────────┘
│ 权    │
│ 益    │           ┌─────────────────────────────────┐
│ 的    │           │   自荐、被推荐和参与竞争的权利     │
│ 具    │           └─────────────────────────────────┘
│ 体    │
│ 内    │           ┌─────────────────────────────────┐
│ 容    │           │    平等自愿签订就业协议的权利      │
└──────┘            └─────────────────────────────────┘

                    ┌─────────────────────────────────┐
                    │    对已签订的协议有违约的权利      │
                    └─────────────────────────────────┘

                    ┌─────────────────────────────────┐
                    │   有追究用人单位违约责任的权利     │
                    └─────────────────────────────────┘
```

图 6-9　大学生就业权益的具体内容

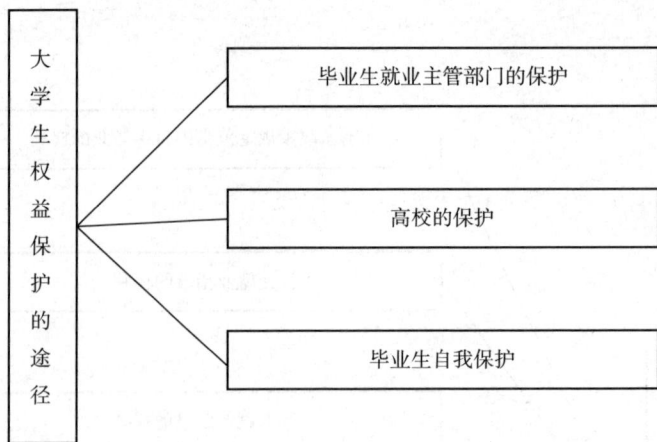

图 6-10　大学生权益保护的途径

1. 毕业生就业主管部门的保护

毕业生就业主管部门可通过制定相应的规范来保护毕业生的权益，并坚决抵制侵犯毕业生权益的行为。

2. 高校的保护

高校可以通过制定各项措施来规范毕业生就业指导和就业推荐，对于用人单位在录用毕业生过程中的不公平、不公正行为，学校有权予以抵制，以维护毕业生公平受录用权。

3. 毕业生自我保护

每一位大学毕业生都要学会依靠自身力量维护权益，不应当过度依赖学校和社会组织，因此毕业生要做到以下几方面。

（1）增强自身的保护意识。

第一，毕业生应对国家有关毕业生就业的相关政策法律等有深入了解，这是大学生进行自我保护的前提。

第二，大学生应自觉遵守有关法律法规对自己的制约，同时不侵犯其他毕业生的合法权益。

第三，在自己的合法权益被侵犯时，大学生要学会运用法律武器保护自己。

（2）增强自身的证据意识。大学生一定要有证据意识，因为法律是靠证据来说话的，所以，大学生凡事要多留心，留好证据，以便将来在仲裁或诉讼时支持自己的观点。

（3）增强自身的维权意识。大学生在就业过程中其就业权益遭遇侵害的情况时有发生，古语说，天助自助者，大学生要不断增强维权意识，切实维护自己的合法就业权益。

二、大学生就业陷阱研究

（一）就业陷阱的概念

就业陷阱是指求职者所要从事的工作内容，并不是招聘者在书面上或原先口头承诺的内容要件，或借工作机会的诱因及其他诱人条件，用骗术使求职者付出不属于原订劳动契约内容的额外财务支付，或违背其个人意愿而从事违背公序良俗的行为等一系列用人单位以招聘、就业为名义进行非法牟利的活动（图6-11）。

图6-11　就业陷阱

（二）大学生遭遇就业陷阱的原因

大学生遭遇就业陷阱的原因如表6-9所示。

表6-9　大学生遭遇就业陷阱的原因

原因	具体阐述
个人原因	在就业的严峻形势下,很多大学生求职心切、社会经验不足、对求职过于理想化,加上学生和企业之间的信息不对称,大学生又缺乏甄别的能力,因而往往容易掉进一些别有用心的企业和单位设置的就业陷阱
企业原因	按照目前的法律规定,只要招聘企业能够提供正规的营业执照和企业代码,就可以在网络、报刊或招聘会等载体发布招聘信息。这就为那些动机不纯的企业提供了可乘之机
社会原因	近年来,大学毕业生越来越多,而社会可提供的岗位却有限,导致"供大于求",人才市场呈现"买方"之势,这也给一些不良企业或单位提供了可乘之机。这些企业和单位打着招聘的旗号,利用大学生求职心切的心理,设置种种就业陷阱,等待大学生钻进去,以牟取利润

（三）大学生就业陷阱的防范

1. 识别就业陷阱

近年来,由于就业竞争日趋激烈,加上有些大学毕业生往往觉得自身"底气"不足,容易导致就业心切、盲目相信虚假招聘广告。而非法中介机构和个别用人单位往往就利用这一点,设置种种陷阱引诱毕业生上当。受害者们不但没有找到工作,还为此赔了许多冤枉钱。因此大学毕业生应提高警惕,擦亮自己的眼睛,不要轻信虚假招聘广告、非法中介或个别用人单位的"花言巧语"（图6-12）。

图6-12　识别就业陷阱

2. 注意"三忌"

大学生在求职时，有以下"三忌"。

（1）忌贪心。年薪几百万元的职位，想想就让人流口水，但是自己只不过是初出茅庐的社会新人，在许多社会人的眼中很可能还只是个孩子，真的具备赚取这几百万的能力或资格吗？大学生不要被一些诱惑力十足的薪酬条件蒙蔽双眼，失去正确的判断，一定要树立正确的价值观和职业目标，脚踏实地地做人做事。

（2）忌心急。面对竞争激烈的就业市场，大学生都想尽快找到适合自己的工作，以此来开创自己的美好未来。这样的心情是可以理解的。但是，凡事都要有个"度"。如果过于急切，反而会使自己走入盲目求职的误区，从而使落入就业陷阱的风险加大。

（3）忌糊涂心。大学生在投递简历之前，一定要认真了解该企业的相关情况，仔细思考自己是否适合这项工作；在参加笔试和面试时，要处处留心可能出现的陷阱；在应聘成功后，也不要就此放松警惕，关于试用期和签订合同的有关事项，一定要仔细检查核对，以免自己的权利受到侵犯。

第七章　大学生创业教育研究

　　目前,就业难已经是大学生普遍面临的一个问题,在此背景下,创业不失为一个很好的选择,对于大学生来说,可以在校期间努力学习专业知识,同时积累各方面的实践经验,以为自己将来的创业做好准备。

第一节　大学生创业的内涵

一、创业的概念

创业是指拥有一定的知识、技能和资源的创业者把握住一定的机会创造新企业，从而能够为消费者提供产品和服务，能够为社会创造出财富和价值，做出一定的贡献的过程。

二、创业的特点

创业具有显著的特征，概括来说主要包括表 7-1 所列的几方面。

表 7-1　创业的特点

特点	具体阐述
社会性	创业之所以具有社会性的特点，是指创业是在一定的社会中进行的，它不仅使创业者实现自身和社会价值，还为他人提供就业岗位，为社会创造财富
发展性	创业具有发展性的特点，因为创业是一个不断发展变化的过程，创业过程中的每一项决策都有可能导致创业的不断发展
自主性	创业具有自主性的特点，因为在创业过程中，创业者要自主决定创业中的各项要素，如计划、资金、团队成员等，并且对于创业过程中存在的各种风险，创业者也要自主承担
不确定性	在创业的过程中，创业者有可能会遇到各种各样的困难，这些困难都具有不确定性，不确定性越高，创业者所遇到的风险性也就越高
开创性	创业具有开创性的特点，创业是创业者所经历的一项前所未有的事业，是一种从无到有、从小变大的过程
风险性	在创业过程中，有很多的不确定性，比如人员、资金、决策等，这种不确定性导致创业中存在各种各样的风险
艰辛性	对于创业者来说，创业充满了艰辛，在创业过程中充满了太多的不确定因素，这些不确定因素都有可能会给创业带来风险，创业者只有具备良好的素质，才有可能取得创业的成功

特点	具体阐述
经济性	创业也具有经济性的特点，这主要表现在以下两方面： 第一，创业可能会为创业者带来良好的经济效益； 第二，创业会为社会提供一些就业岗位，从而为社会创造财富

三、大学生创业应具备的能力

能力是以人的先天条件为基础，经过后续获取的知识、技能、经验综合而形成的。创业能力是在创业实践过程中直接体现出来的能够顺利实现创业目标的特殊能力。创业能力是一种高层次的综合职业能力。大学生创业应具备的能力如图 7-1 所示。

（一）专业能力

专业能力是指企业中与经营方向密切相关的主要岗位或岗位群所要求的能力。专业能力是创业成功的重要前提。概括来说，创业者应具备的专业能力主要体现在以下三个方面。

第一，创办企业中主要职业岗位的必备从业能力。

第二，接受和理解与所办企业经营方向有关的新技术的能力。

第三，把所学知识和法律、法规运用于本行业实际的能力。

（二）获取资源的能力

在创业初期，很多创业者都会缺少一些资源，如果等所有的资源条件都到位再进行创业实践的话，很多商机可能就已经流失了。所以，创业者要善于整合并利用资源，只有这样才能创业成功。

（三）领导决策的能力

在创业活动中，几乎每个阶段都离不开创业者的决策，创业项目的选择、企业的产品定位、企业的发展战略、企业的商业模式以及盈利模式等，都需要进行判断。能否做出一个正确的决策，直接关系着创业的成败。

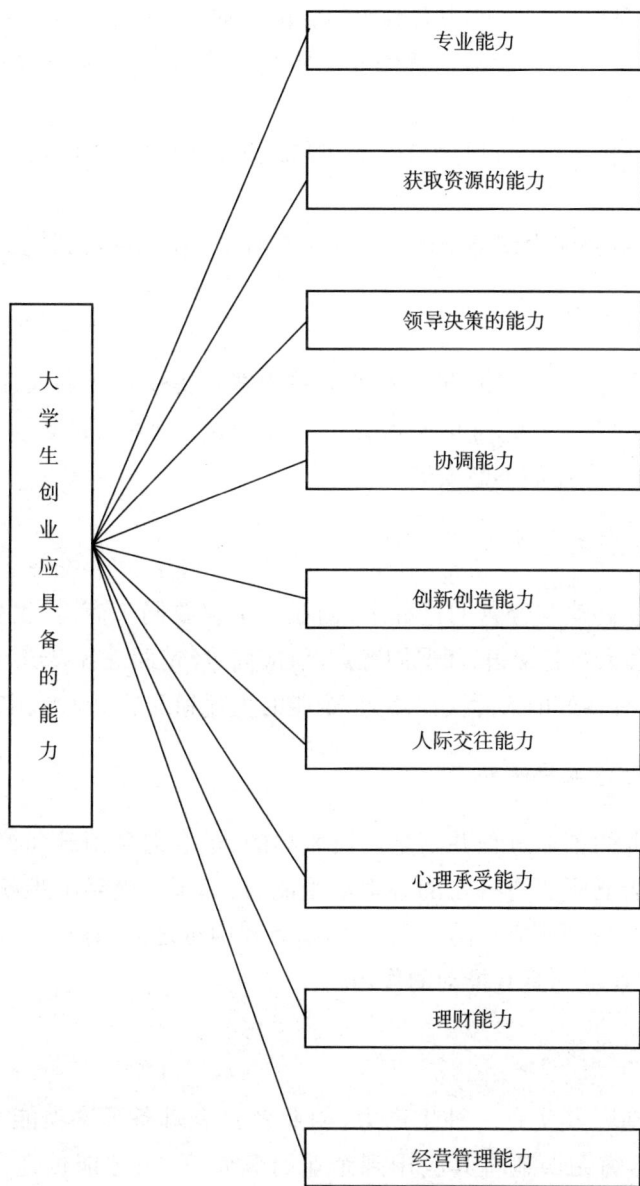

专业能力

获取资源的能力

领导决策的能力

协调能力

创新创造能力

人际交往能力

心理承受能力

理财能力

经营管理能力

大学生创业应具备的能力

图 7-1 大学生创业应具备的能力

（四）协调能力

大学生创业者一定要具备协调能力,因为协调能力具有以下重要作用。

第一,良好的协调能力有利于信息的沟通。

第二,协调能力能够化解创业团队与竞争者之间、创业团队与客户之间的矛盾。

第三,协调能力可以融洽相关主体之间的感情,增加合作的愿望和机会。

第四,协调能力使整个团队的工作有序,工作效率得到提高。

（五）创新创造能力

企业只有不断创新、研发新产品并为客户提供优质的人性化服务,才能确保可持续发展,才能确保立于不败之地。创业者也必须有创新能力,才能确保企业的不断发展。

（六）人际交往能力

在企业创建与经营的过程中,创业者不仅要同工商局、税务局等各部门的管理人员打交道,还要同客户、供应商、经销商等各渠道、各行业的人交往,没有良好的人际交往能力,企业的生存和发展是非常困难的。

（七）心理承受能力

创业者的创业过程并不是一帆风顺的,也会遇到困难和挫折,这就要求创业者必须具有一定的心理承受能力,如果一遇到困难就退缩,是不会最终取得创业成功的;反之,如果遇到困难之后积极想办法进行解决,则对创业成功具有推动的作用。

（八）理财能力

企业理财其实是一种生产力,创业者只有具备了这项能力和基本素质,并准确无误地将其应用到企业财务管理中,才能创造出更多的财富。

（九）经营管理能力

成功的创业者要懂得市场经营策略、销售策略、定价策略,熟悉生产经营的组织和管理等。试想如果一个创造者不具备管理能力,他将如何管理公司,如何实施创业成功。

四、影响大学生创业的因素

影响大学生创业的因素有很多,概括起来主要包括表 7-2 所列的几方面。

表 7-2 影响大学生创业的因素

因素	具体阐述
个人因素	将个人的性格、气质和特长与创业项目结合,会极大地提升创业成功的可能性。很多创业成功的人士都是从他们的爱好和特长出发开始创业并最终取得成功的
家庭因素	家庭因素会对大学生的创业选择带来一定的影响,如果家庭条件好,大学生就有可能得到较多的资金和其他方面的支持,创业的欲望和动机也会比较强烈;而如果大学生的家庭条件不好,则大学生可能会考虑是否应该先就业为家庭解决一些负担,因为选择创业,这些大学生得到来自家庭方面的支持会比较少,大学生可能会承受更多的压力
学校因素	近年来,各高校已经注意到学校教育对大学毕业生创业的影响,并推出了有针对性的措施和各种教学、训练活动,这对大学生创业起到了直接的推动作用。另外,学校的教学活动,尤其是以创新为主题的教育教学改革也在潜移默化中起到了积极作用
社会因素	社会因素对大学生创业的影响主要体现在两个方面: 第一,政府出台的与大学生创业相关的各种优惠政策、法律保护措施以及风险投资机构提供的各项支持; 第二,大学生创业的社会舆论影响。年轻的大学毕业生从众心理较强,在行动之前往往会参考周围同学朋友对创业持有的观念,尤其愿意听取已经有创业成功或失败经历的大学生对创业的看法,然后再决定自己的行动

第二节　大学生创业的融资

一、创业融资的概念

创业融资是指创业者为了将创意转化为现实,通过不同的渠道,采用不同的方式筹集资金,以达到建立企业目的的一种融资形式。

二、创业融资的原则

为快捷、有效地筹集资本,获取较多营运资金,创业企业在融资过程中必须遵守表 7-3 所列的原则。

表 7-3　创业融资应遵守的原则

原则	具体阐述
效益性原则	企业营运资金的筹措,应考虑成本与效益的平衡。为获取资金,融资方要支付包含抵押、担保、融资条款、控制权等成本,而且这类成本应远小于资金带来的收益。因此,效益性原则要求创业者应当能够运用相应的财务知识研究各种筹资方式的优缺点,采用最优融资组合,降低资本使用成本
态度性原则	创业者融资的直接目的是为了获取资金,其根本目的是促进企业的成长,投资者和创业者在这一点的利益是一致的。所以,创业者端正创业理念和创业目标,增强责任心,获取投资者的信赖,达成共识,有助于创业者融资活动的开展
合理性原则	新创企业的资金固然重要,但创业者在融资初始,也应避免盲目追求过多资金而造成资金使用成本上升。因此,创业者应当在企业发展过程中确定合理的融资结构
互利性原则	融资的双方要互利互让,但这种原则不是平均分配利益。各方的利益要通过协议或者股份来确定,这样才能保证双方资金的顺利融通
及时性原则	新创企业面临的市场压力大,融资资金需要迫切,面临复杂的管理事务和多变的市场变化,需要尽可能获取与企业发展相匹配的资金,未雨绸缪,防患于未然,这都体现了融资的及时性原则
诚信原则	融资双方应依据合同的契约关系,信守自己的承诺
合法性原则	借贷双方必须遵循相应的借贷条款的规定,股票融资必须遵循公司法,以及上市公司和股票交易的规定。在融资过程中,融资双方不得进行非法融资
低成本性原则	降低融资成本不仅可以提高创业者的收益率,还可以减轻其还本付息的负担,主要可以通过融资地点、融资货币和融资方式的恰当选择来降低融资成本

原则	具体阐述
保密性原则	融资过程中,融资方为博得投资方的青睐,经营方案的展示尽可能详细,但是一些关键环节应注意保密,以防投资方利用自有资金,独自运营,窃取融资方的创新商业模式和创业想法;同时,也应防范竞争对手了解到融资方的资金规模而制定出有针对性的竞争战略
适度性原则	在融资活动中,资金需求的适度性原则包括融资资金的适度性、融资期限的适度性、融资方式的适度性和约定条款的适度性

三、创业融资的渠道

（一）个人资金

个人资金是创业者通过积累、继承而形成的资本。对大学生创业者来说,个人资金往往来源于父母资金的支持以及自身资金的积累。这一融资渠道受家庭条件的影响很大。

（二）亲情融资

亲情融资就是向身边的亲朋好友筹措创业启动资金。亲情融资具有显著的优点。

第一,没有烦琐的手续。

第二,成功率相对较高,而且没有高额的投资收益要求。

第三,为你投资的亲人会在你创业的其他方面全力支持你,为你获得资金之外的高附加值服务。

需要注意的是,亲情融资的额度通常较小。如果你准备创业的项目是个"大项目",那么亲情融资就不大适合了。

（三）合伙融资

合伙融资是指按照"共同投资、共同经营、共担风险、共享利润"的原则,直接吸收单位或个人投资,建立起一支紧密的创业团队,合伙创业。合伙融资的对象通常是创业者的同学、朋友,其中又以同学居多。合伙融资与其他融资方式相比,具有以下三个特点。

第一,创业者不再拥有公司全部股份,而是合伙人共同持有。

第二,合伙人共同参与决策、经营和管理,当然合伙人之间应有明确的分工。

第三,公司的收益如何在合伙人之间进行分配,由合伙人协商制定,而不一定根据公司股份分配。

（四）银行贷款

银行贷款指银行根据国家政策以一定的利率将资金贷放给资金需要者,并约定期限归还的一种经济行为。银行贷款一般要求提供担保、房屋抵押,或者收入证明、个人信用良好记录才可以申请。创业者也可以通过银行贷款来补充经营过程中的资金不足。我国现在许多银行都提供创业贷款,只是贷款条件和要求有所不同,选择适合的银行,能在贷款的时候为自己省下不少时间。

（五）风险投资

风险投资也称为"创业投资",是指风险投资者以参股的形式进入创业企业,投资并拥有这些被投资企业的股份,在恰当的时候取得高资本收益的一种商业投资。风险投资一般比较青睐高科技创业企业,作为一种高风险、高回报的投资方式,为降低风险,在实现增值目的后风险投资者会退出投资。风险投资具有显著的特点,概括来说主要包括以下几方面。

第一,投资周期长。

第二,投资对象特定化。

第三,专业性投资资本。

第四,权益化投资形式。

第五,高风险与高收益并存。

（六）其他融资渠道

除了以上几种融资渠道外,大学生还可以通过以下几种方法来融资。

（1）争取免费创业场所。

（2）用良好的信用说服别人。

（3）加盟大公司的连锁经营。

第三节 大学生创业团队的建设

一、创业团队的概念

创业团队是由两个以上人员组成的具有一定利益关系、才能互补、责任共担、愿为共同的创业目标而奋斗的工作团队(图7-2)。团队中的每个人都既能够满足特定需要又不与其他的角色冲突。一个创业团队只有处于角色平衡、人数适当的状态时,才能充分发挥高效运转的协作优势。

图7-2 创业团队

二、创业团队的构成要素

创业团队有五个重要构成要素(图7-3)。

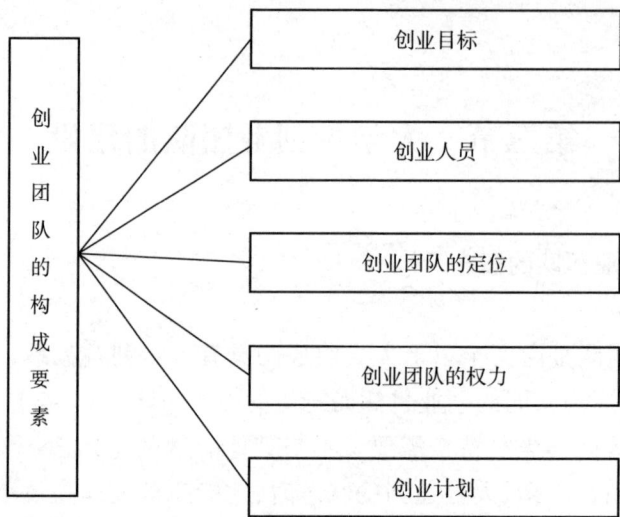

图 7-3　创业团队的构成要素

（一）创业目标

目标对创业团队成员的思想和行为具有引导的作用,所以,创业团队应该具有一个明确的共同目标。

（二）创业人员

对于创业团队来说,最核心的力量便是所拥有的人才,两个及两个以上的人就可以组成团队。

（三）创业团队的定位

创业团队的定位主要包括以下几方面内容。
第一,团队在企业中处于什么位置。
第二,团队由谁来做决定。
第三,团队最终对谁负责。

（四）创业团队的权力

权力是指职责范围内的支配权和指挥权。创业团队的权利是指为了保证职责的有效履行,团队成员必须具备的对某事项进行决策的范围和程度。创业团队需要处理好以下两种权力。

第一,团队成员的权力。

第二,团队权限。

（五）创业计划

计划是为实现创业目标所做出的安排,是未来行动的方案,可以把计划理解成目标实施的具体工作程序。计划要一步一步地推进落实。

三、创业团队的发展过程

根据经典的塔克曼(Tuckman)团队发展过程理论,一般将创业团队的发展分成表7-4所列的几个阶段。

第七章 大学生创业教育研究 一

161

表7-4　创业团队的发展过程

发展过程	具体阐述
启动阶段	这个阶段的显著标志包括两个方面: 第一,缺乏共同创业的经验; 第二,对未来可能会收获的回报充满期待。 在这一阶段,团队最重要的任务是积累创业的经验,同时积极寻求能够促进企业发展的外部力量
成长导向阶段	这个阶段的显著标志是创业团队以集体成长为导向,但他们之间对于如何相互成长是迷茫的,而且对于企业未来的发展方向也不是非常明确。 这个阶段的主要任务包括两个方面: 第一,创业团队应该努力发展自己,提高自己的竞争力; 第二,对于企业内部遇到的各种问题应积极有效解决,并不断思考企业未来发展的方向
愿景阶段	在这个阶段,创业团队成员已经拥有了一个清晰的发展愿景。 这个阶段的主要任务包括以下三个方面: 第一,创业团队成员应将愿景分为一个个小目标,通过不断完成小目标而最终实现自己的愿景; 第二,明确团队成员的角色和职责; 第三,团队领导者了解成员之间的差异,并且能够消除这些差异带来的影响
制度化阶段	这个阶段的特征是团队成员从对新企业的创立者的忠诚转变为对当前事业及其未来发展方向的关心,不是关心领导者个人的雄心和价值观,而是关心整个组织的发展趋势

四、创业团队的意义

创业团队的意义如图 7-4 所示。

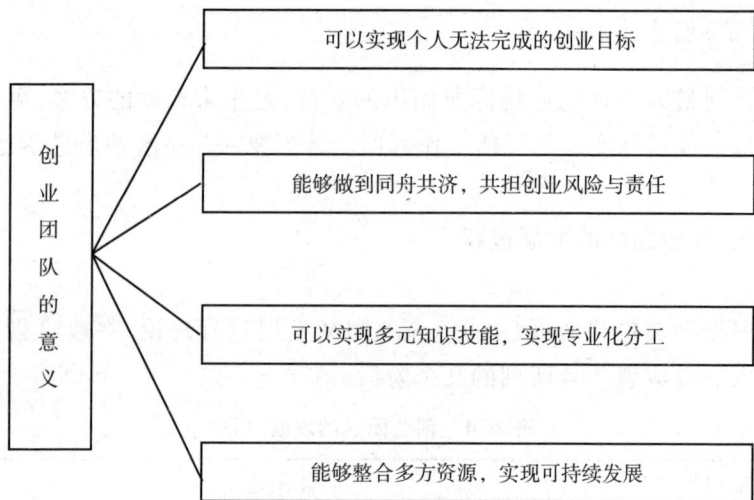

图 7-4 创业团队的意义

（一）可以实现个人无法完成的创业目标

只有团结合作，才能共同实现创业目标。作为单独的一个人，不可能具备创业所需要的所有技能和资源。

（二）能够做到同舟共济，共担创业风险与责任

创业团队中员工与员工之间、员工与企业之间因为一个共同的信仰捆绑在一起，从而能够做到"心往一处想，劲往一处使"，遇到挫折时相互理解和谅解，勇于承担责任和风险。

（三）可以实现多元知识技能，实现专业化分工

创业团队可以把互补的技能和经验组织起来，让每个人都发挥自己的长处和优势，实现高效配合，达到事半功倍的效果。互补性的创业团队成员可以贡献差异化的知识、技能、能力等，这些资源能够帮助新创企业更好地克服创业过程中遇到的风险。

（四）能够整合多方资源，实现可持续发展

一个好的创业项目需要资金、技术、经验、信息、人脉等多方面资源的支撑，而创业团队能够对上述资源进行合理配置和科学整合，更好地发挥其竞争优势。

五、成功创业团队的特征

成功创业团队具有如图 7-5 所示的显著特征。

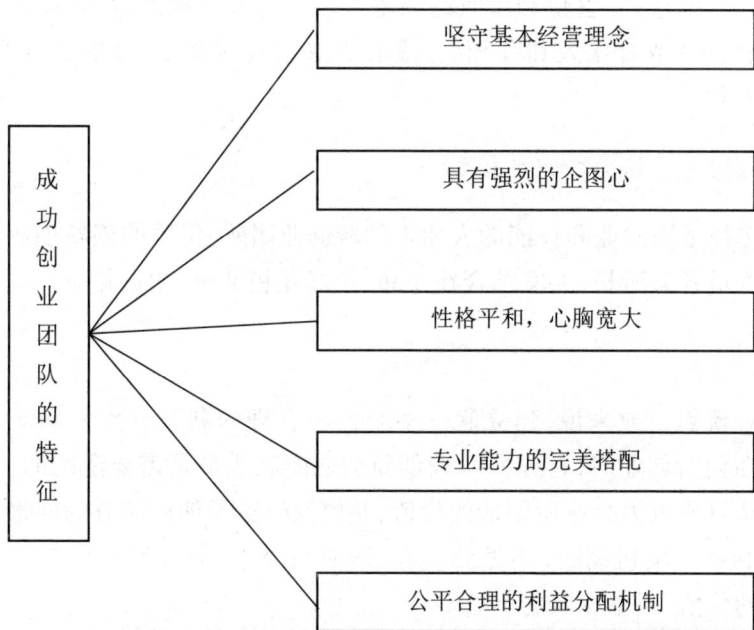

图 7-5　成功创业团队的特征

（一）坚守基本经营理念

坚守基本的经营理念主要包括顾客第一、质量至上和诚信经营的原则，在此基础上，还要做到科学管理，重视科学技术在企业中的具体应用，尊重员工，为员工的发展提供良好的平台。

（二）具有强烈的企图心

企图心是指一个人做成某件事情或达成既定目标的意愿。新创企业往往会面临资金、技术、人脉等诸多问题，如果没有强烈的企图心，创新创业团队会失去发展的动力，团队成员强烈的企图心可以促进整个团队努力进取、克服困难。

（三）性格平和，心胸宽大

创新创业者应该有博大的心胸，能宽厚待人，懂得如何把握"合作"带给自己的快乐、喜悦和丰收的硕果。在选择好合伙人后，创业者就需要与合作者或合伙人和睦相处，虚心听取别人的意见，遇事不急不躁、心态平和。

（四）专业能力的完美搭配

选择不同专业和技能的人加入创新创业团队，优秀的创新创业团队中的人员各有所长，大家结合在一起，正好互相补充、相得益彰。

（五）公平合理的利益分配机制

对新创企业来说，建立起一整套公平合理的利益分配机制至关重要。在创新创业时，首先要明确创新创业团队成员是需要激励的，要尊重并认可成员为企业所创造的价值，并要及时给予他们应有的回报。在设计利益分配机制时，要做到合理、透明与公平，股权激励要与他们所创造的价值、贡献相匹配。

六、创业团队的有效管理

（一）凝聚人心

创业团队中所有成员都能够意识到只有企业获得成功才能保证团队中每一个人的利益，团队中任何人都不能因为自己的个人利益去损坏公司的整体利益。

（二）具有全局视野

团队中每个人都要明白整个企业的目标、设计思路以及预期目标，不能只关心自己所负责的部分，形成狭隘的部门思维。

（三）立足长远

创业是一个艰苦卓绝的过程，团队成员们应该认同企业的长远目标，不能指望一夜暴富，创业过程不会是一帆风顺的，会有酸甜苦辣各种经历，团队成员需要不断奋斗，相信坚持到最后就一定会取得胜利。

（四）塑造团队文化

高效的团队注重文化的塑造，尤其是共同价值观的培养，团队文化是由团队价值观、团队愿景和团队氛围等因素综合在一起而形成的。塑造团队文化的关键就是在团队形成与发展的过程中确立团队价值观、团队使命和团队愿景，并以此为基础逐渐形成相应的团队文化氛围。

（五）设置团队组织结构

设置创业团队的组织结构时，必须以团队的工作任务和经营目标为依据，具体要注意以下几点。
第一，责权利分配明确。
第二，分工适当。
第三，适时联动。

（六）做好决策权限分配

创业团队内部要妥善处理各种权力和利益之间的关系。在治理层面，主要解决利益索取权和剩余控制权的问题。而在管理层面，最基本的原则有以下三条。
第一，平等原则，制度面前人人平等。
第二，服从原则，下级服从上级，行动要听指挥。
第三，秩序原则，不能随意越级指导，也不能随意越级请示。
大学生创业团队内部的管理界限没有那么明显，但一定得把决策权限理清，做到有权有责。

（七）制定员工激励办法

创新团队需要妥善处理创业团队内部的利益关系。大学生创业的资金筹措本来就是难题，分配更应合理谨慎。团队的管理者要认真研究和设计整个团队的报酬体系，制定出合理的激励员工的方法。

（八）建立业绩评估体系

业绩考核必须与个人的能力、团队的发展、扮演的角色和取得的成绩相结合。成功的绩效管理不再只限定于注重个人的绩效，而是更加注重整体的表现。这样的交流能让员工个人了解团队合作的重要性，个人需要不断进行自我调整，以适应不断变化的环境和业务发展。

（九）合理授权

第一，合理授权有利于充分发挥团队成员的积极性、主动性和创造性。团队中的每个人都有实现自我价值的愿望和在工作中取得的每一项成就。

第二，合理授权能够显示出团队领导者对成员的信任，这种信任有利于奠定团队信任的基础，可以给团队成员提供很好的成长空间。

第三，合理授权有利于决策的及时性和有效性，一方面，团队成员在自己权利的范围内可以根据情况变化及时决策；另一方面，领导者通过合理授权，可以解放自己，可以将自己的工作重点放到更为重要的工作上，去决策更为重要的事情。

（十）团队凝聚力建设

概括来说，增强团队凝聚力的途径主要包括以下几种。

第一，确定团队长远的发展目标。

第二，完善团队内部的管理机制。

第三，发挥团队领导者的个人魅力。

第四，增强团队的忧患意识和竞争性。

第五，加强信息沟通和交流，密切团队成员之间的联系。

第四节　大学生新创企业的管理

一、新创企业的营销管理

（一）新创企业的市场调查

市场调查是指对市场营销信息的收集、记录、整理和分析。创业者可以凭直觉为新企业制订营销计划，也可以凭借充分的市场信息提高其判断能力。具体来说，新创企业在进行市场调查时应注意图 7-6 所列的几方面。

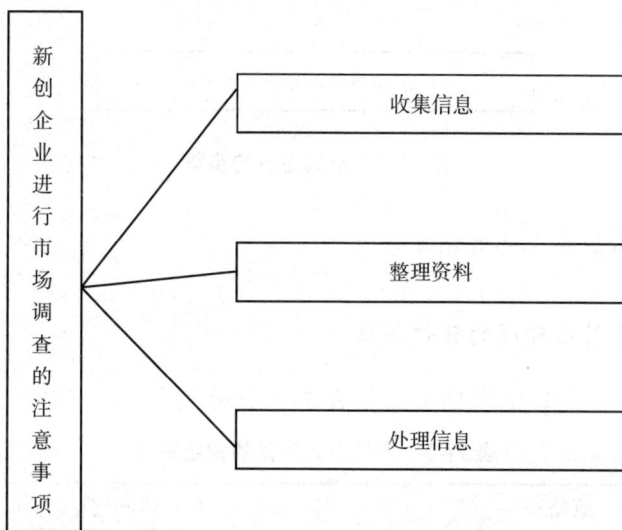

图 7-6　新创企业进行市场调查的注意事项

（二）新创企业的市场定位

新创企业市场定位的步骤如图 7-7 所示。

```
┌─────────────────────────────┐
│      明确潜在的竞争优势        │
└─────────────────────────────┘
              │
              ↓
┌─────────────────────────────┐
│    倾听顾客对产品的评价        │
└─────────────────────────────┘
              │
              ↓
┌─────────────────────────────┐
│   分析竞争者的市场定位的特点    │
└─────────────────────────────┘
              │
              ↓
┌─────────────────────────────┐
│      明确企业的定位           │
└─────────────────────────────┘
              │
              ↓
┌─────────────────────────────┐
│      选择相对竞争优势         │
└─────────────────────────────┘
              │
              ↓
┌─────────────────────────────┐
│      传播独特的竞争优势        │
└─────────────────────────────┘
```

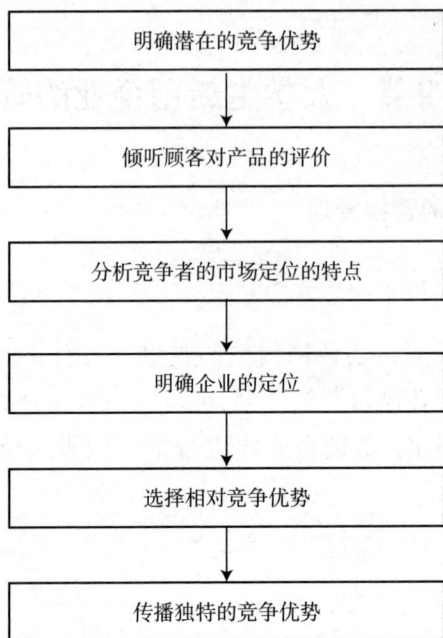

图 7-7　市场定位的步骤

(三)新创企业的营销策略

1. 产品引入阶段的营销策略

产品引入阶段的营销策略如表 7-5 所示。

表 7-5　产品引入阶段的营销策略

策略	具体阐述
缓慢掠取策略	以高价格和低促销方式推出新产品
快速掠取策略	以高价格和高促销水平方式推出新产品
缓慢渗透策略	以低价格和低促销水平推出新产品
快速渗透策略	以低价格和高促销水平方式推出新产品

2. 产品成长阶段的营销策略

在成长阶段,创业者为了尽可能地维持市场增长可以采取下列策略。

第一,企业进入新的分销渠道。

第二,企业增加新式样和侧翼产品。

第三,企业进入新细分市场。

第四,企业改进产品质量和增加新产品的特色和式样。

第五,企业的广告从产品知名度转移到产品偏好上。

第六,企业在适当时候降低价格,以吸引另一层次对价格敏感的购买者。

二、新创企业的财务管理

(一)财务管理的目标

创业财务管理的目标主要有以下几种。

1. 企业利润最大化

利润最大化强调了创业企业生产经营活动的目的在于利润。这一目标简单实用,容易计算和比较。但是也有很大的局限性,如没有考虑货币时间价值因素和风险因素,没有考虑投入资本与创造利润之间的关系,也容易让企业经营者过分关注短期利润。导致短期行为,忽视企业的长期发展。

2. 企业价值最大化

企业价值最大化是企业全部资产的经济价值,是企业资产未来预计现金流量的现值之和。企业不仅是股东的企业,企业价值的增加是股东财富的增加和债务价值的增加合计,而债务价值是可以随着市场利率的波动而波动的。企业价值最大化拥有股东财富最大化具备的所有优点,而且因为考虑了企业的价值而非价格,能克服价格受外界因素干扰的弊端,还兼顾了其他的利益相关者。但是可操作性差以及难以计算和衡量是其最大的缺点。

3. 股东财富最大化

企业是股东的企业,股东创办企业就是要增加股东财富,股东财富可以用股东权益的市场价值衡量。股东财富最大化相对利润最大化而言,考虑了货币时间价值、风险价值,有助于规避企业的短期行为,并且也考虑了利润与投入资本之间的关系。但股东财富最大化仍然有其不足之处。例如,只有上市公司才能使股东财富最大化,非上市公司无法衡量股价的高低;即使上市公司,其股价的变动也会受到多种因素的综合影响等。

（二）财务管理的原则

创业企业财务管理的原则主要包括以下几方面。

1. 成本—效益原则

创业企业财务管理的盈利性目标要得以实现,就要求企业降低成本,不断提高效益,实现以最少的成本支出获取最大的收益。成本—效益原则应该体现在企业的整个财务管理活动中,包括追求产值或利润最大化都要建立在合适成本的基础上。

2. 风险与收益均衡的原则

高风险高收益是市场经济的基本规律,创业者要考虑自己能接受的最大风险是什么,在最大风险的范围内收益与风险之间取得均衡状态,采取合适的财务管理活动。创业者还要对各种风险因素做深入研究和仔细分析,慎重决策,避免"好大喜功"给企业带来严重后果。

3. 资源合理配置原则

从资源配置角度来说,企业是将筹集到的财务资源进行再组合、再分配的一个组织,理想状态下,这应该是达到最优组合,发挥组织最大效用的组织。创业企业不仅应十分重视如何取得最低成本的财务资源,还要将这些珍贵的财务资源进行合理配置。

4. 利益关系协调原则

创业者如果是初次创业的话,可能会无法厘清各种各样的财务关系,创业企业可能也没有足够的时间、精力和经验来建立确保经营者的利益与企业的利益相一致的机制。但有两个利益关系企业必须要首先处理好。

第一,依法纳税,这是妥善处理与国家的利益关系的基础。

第二,确保员工的薪资收入和各项福利,这是处理好与员工的利益关系的重要内容。

在处理好财务关系的基础上,企业才能开展各项活动,实现综合发展。

三、新创企业的人力资源管理

(一)新创企业人力资源管理的特点

新创企业人力资源管理具有图 7-8 所列的三个显著特点。

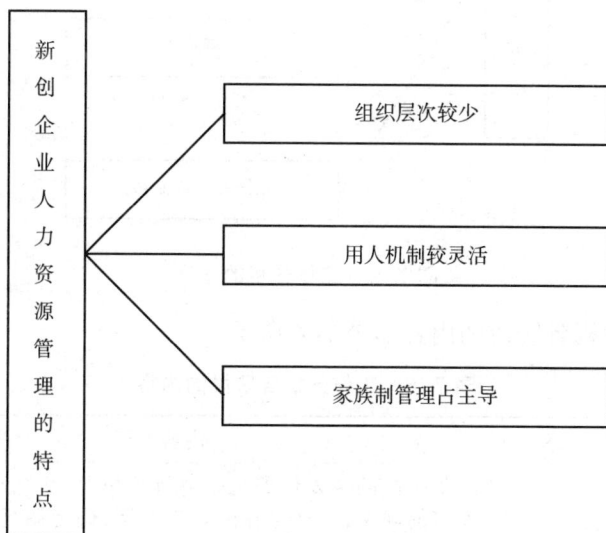

图 7-8　新创企业人力资源管理的特点

(二)新创企业人力资源管理的内容

1.人力资源规划

人力资源规划是根据组织的发展战略、组织目标及内外环境的变化,预测未来的组织任务和环境对组织的要求,为完成这些任务和满足这些要求而提供人力资源的过程。组织的人力资源规划,立足于组织的中长期发展,根据组织的近期经营需要提出对于人力资源的具体需求,找到供给的缺口,以使人力资源的供求得到平衡,保证组织目标的实现。

2. 工作分析

工作分析的程序如图 7-9 所示。

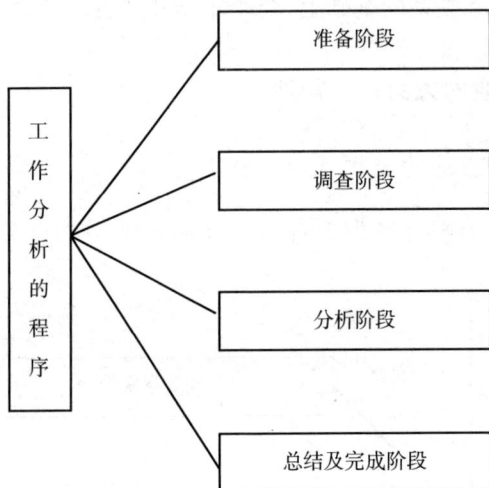

图 7-9　工作分析的程序

工作分析各阶段的内容如表 7-6 所示。

表 7-6　工作分析各阶段的内容

阶段	内容
准备阶段	准备阶段的主要任务是了解有关情况,建立与各种信息渠道的联系,设计全盘的调查方案,确定调查的范围、对象与方法
调查阶段	调查阶段的主要任务是对整个工作过程、工作环境、工作内容和工作人员等主要方面做一个全面的调查
分析阶段	分析阶段是对调查阶段所获得的信息进行分类、分析、整理和综合的过程,也是整个分析活动的核心阶段
总结及完成阶段	总结及完成阶段的主要任务是在深入分析和总结的基础上编制工作说明书和工作规范

3. 员工招聘

员工招聘是指组织根据人力资源规划,按照一定的程序和方法,招募、挑选、录用具备资格条件的应聘者担任一定职位工作的系列活动。

员工招聘的基本程序包括图 7-10 所列的三方面。

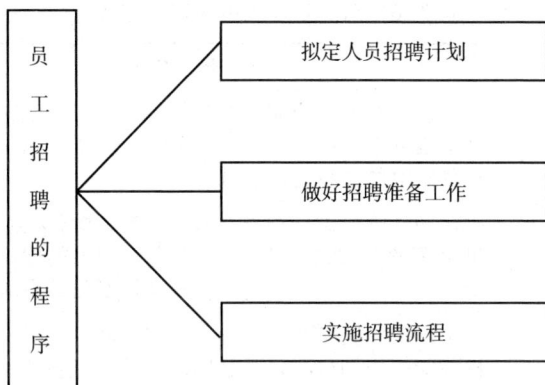

图 7-10　员工招聘的程序

4.员工培训

员工培训的方法有很多,概括来说主要包括以下几种。

(1)对管理人员的培训。对管理人员的培训方法主要包括表7-7中的五种。

表 7-7　对管理人员的培训方法

培训方法	具体内容
研讨会	类似于课堂指导,适用于对多人进行培训和开发的情况
在职培训	适用于开发仅凭书本、观察不能获得的技能,为管理人员提供实际锻炼的机会,并使他们从错误中吸取经验
案例教学	通过对一些案例进行分析,有些可能来自受训者的实际工作经历,管理人员可以掌握如何对事实材料进行分解和综合,认识到影响决策因素,提高决策技能
管理游戏法	参加者面临着为一个虚拟组织制定一系列影响组织决策的任务,决策影响组织的效果可以用计算机程序来模拟
角色扮演	通过扮演其他角色,提高受训者理解和处理问题的能力,有助于受训者从另外一个立场来看问题,从而发现自身存在的不足

(2)对非管理人员的培训。对非管理人员的培训方法主要有表7-8中的五种。

表 7-8　对非管理人员的培训方法

培训方法	具体内容
在职培训	在职培训是一种应用最多的培训方法,可以提供常规工作条件下实际锻炼的经验,也为培训人员和新来的员工之间建立一种融洽的关系提供了机会
CMI 培训	CMI 即计算机管理指导,计算机管理指导系统利用计算机随机出题的形式进行测试,以决定受训者的熟练程度,跟踪并指导他们应用所学到的知识来满足专门的要求等
CAI 培训	CAI 即计算机辅助指导,计算机辅助指导系统通过一台计算机终端把培训材料以互联网的形式直接发出去,提供操作及练习,解决问题及模拟,以游戏的方式进行指导及更为先进的个别指导培训
视听培训	可以应用视听设备对从事生产性质的员工进行培训,使其掌握工作技能和流程
互联网培训	互联网具有连续提供最新培训材料的功能,可使修订培训课程变得容易且成本较低,利用互联网可以节省旅行和课堂培训的费用,从而降低培训成本

5.绩效管理

（1）绩效计划。绩效计划是整个绩效管理过程的开始,这一阶段主要是要完成制订绩效计划的任务,也就是说通过上级和员工的共同讨论,要确定出员工的绩效考核目标和绩效考核周期。

（2）绩效实施。管理者和员工经过沟通达成一致的绩效目标之后,便进入绩效管理的实施阶段。这一阶段需要完成绩效监控、绩效辅导、绩效沟通、绩效信息收集工作。

（3）绩效考核。绩效考核也叫绩效评价,绩效考核的结果会对人力资源管理的其他职能产生重要影响,也关系着员工的切身利益,受到全体员工的重视,是指企业在既定的工作目标下,运用特定的指标和标准,对员工的工作行为及取得的工作业绩进行评估,并运用评估的结果对员工将来的工作行为和工作业绩产生正面引导的过程和方法。

（4）绩效反馈。绩效反馈的目的是管理者根据绩效考核的结果与员工进行面对面的沟通,指出员工在绩效考核期间存在的问题,共同制订出绩效改进的计划。为了保证绩效的改进,管理者还需要对绩效改进的执行效果进行跟踪,同时根据绩效考核结果对员工进行相应的奖励。

6. 薪酬管理

薪酬管理是建立一套完整、系统的薪酬体系,实现激励员工积极性的管理活动。薪酬体系由经济报酬和非经济报酬两部分构成。

（1）经济报酬。经济报酬是指外在的货币化报酬,即基本报酬、福利、津贴和其他一些与货币有关的报酬。其中,基本报酬主要由工资、奖金构成,福利、津贴主要由公共福利、个人福利、生活津贴、地域津贴、劳动津贴等构成。

（2）非经济报酬。非经济报酬属于非货币化的附加报酬,分为职业性奖励(如职业安全、自我发展和谐的工作环境、晋升机会等),以及社会性奖励(如关注、表扬、感谢等)。

7. 职业生涯管理

职业生涯管理是组织根据员工个人性格、气质、能力、兴趣、价值观等特点,同时结合组织的需要,为员工制订具体的事业发展计划,并不断开发员工潜能,把员工个人职业发展目标与组织发展目标统一起来,使员工不断获得成长,产生强烈的归属感、忠诚感和责任心,从而最大限度地发挥工作积极性。

参考文献

[1] 丁璇 . 大学生入学教育 [M]. 北京：国防工业出版社,2013.

[2] 杨航征 . 大学生安全教育 [M]. 西安：陕西师范大学出版社,2012.

[3] 郭鹏,陈新达 . 大学生安全教育 [M]. 北京：清华大学出版社,2016.

[4] 刘志军,张宝运 . 大学生安全教育图鉴 [M]. 济南：山东人民出版社,
    2015.

[5] 张根田 . 大学生安全防护手册 [M]. 北京：世界知识出版社,2015.

[6] 中国高等教育学会保卫学专业委员会 . 大学生安全教程 [M].2 版 . 武
    汉：武汉大学出版社,2015.

[7] 杜本友 . 视障学生社会适应能力训练的策略与实施 [M]. 北京：中国
    轻工业出版社,2015.

[8] 方正泉 . 大学生安全教育指南 [M]. 苏州：苏州大学出版社,2015.

[9] 范立华 . 大学生校园安全防范 [M]. 上海：上海人民出版社,2017.

[10] 李建宇 . 大学生安全教育读本 [M]. 昆明：云南大学出版社,2017.

[11] 王庆,吴沛 . 大学生安全教育 [M]. 西安：西北大学出版社,2017.

[12] 邹礼均 . 大学生安全教育与管理 [M]. 重庆：重庆大学出版社,2018.

[13] 瞿珍 . 大学生心理健康 [M]. 上海：华东理工大学出版社,2018.

[14] 王玉杰 . 大学生心理健康 [M]. 北京：北京工业大学出版社,2018.

[15] 张玉芝,周兰芳 . 大学生心理健康 [M]. 北京：北京理工大学出版社,
    2017.

[16] 郑冬冬 . 大学生心理健康 [M]. 重庆：重庆大学出版社,2014.

[17] 毛茂山,郑建阳,杨艳 . 大学生入学教育 [M]. 厦门：厦门大学出版社,
    2016.

[18] 张亚 . 大学生入学教育 [M]. 天津：南开大学出版社,2012.

[19] 王耀远,罗明 . 大学生入学教育 [M]. 西安：西安电子科技大学出版
    社,2017.

[20] 马纪岗.大学生入学教育 [M].北京：北京理工大学出版社,2018.

[21] 王伶俐.大学生入学教育 [M].北京：北京理工大学出版社,2017.

[22] 艾楚君.大学生安全教育教程 [M].2 版.北京：北京理工大学出版社,2020.

[23] 王满良,王维群.大学生安全教育 [M].北京：北京理工大学出版社,2019.

[24] 迟云平.职业生涯规划 [M].广州：华南理工大学出版社,2019.

[25] 刘玉升.大学生职业生涯规划与就业指导 [M].苏州：苏州大学出版社,2018.

[26] 田永伟,吴迪.大学生职业发展指导 [M].北京：光明日报出版社,2019.

[27] 任晓剑,姚树欣.大学生职业规划与创新教育 [M].北京：国家行政学院出版社,2017.

[28] 李可依,毛可斌,朱余洁.大学生职业生涯规划 [M].上海：上海交通大学出版社,2017.

[29] 陈宝凤.大学生职业生涯规划 [M].哈尔滨：黑龙江大学出版社,2016.

[30] 孟喜娣,王莉莉.职业生涯规划 [M].北京：北京邮电大学出版社,2017.

[31] 顾雪英.大学生职业生涯发展与管理 [M].南京：东南大学出版社,2013.

[32] 邱仲潘,叶文强,傅剑波.大学生职业生涯规划 [M].北京：清华大学出版社,2017.

[33] 杨红英.大学生职业生涯规划 [M].昆明：云南大学出版社,2015.

[34] 韩旭彤,张录全.大学生职业规划与就业创业指导 [M].北京：现代教育出版社,2013.

[35] 张月云,张晗,李晓云.创业基础 [M].天津：南开大学出版社,2019.

[36] 罗建国.大学生创新创业概论 [M].北京：煤炭工业出版社,2018.

[37] 钟召平,王剑波,李瑞昌.大学生职业规划与就业创业指导 [M].济南：山东人民出版社,2013.

[38] 杜鹏举,罗芳.大学生创新创业基础 [M].北京：中国铁道出版社,2018.

[39] 李晓波,杨志春,徐惠红,等.大学生职业生涯规划与发展 [M].
2 版.北京:化学工业出版社,2014.

[40] 王兆明,顾坤华.大学生就业创业实务 [M].修订版.苏州:苏州大
学出版社,2017.

[41] 陈彩彦,兰冬蓉.大学生职业生涯规划 [M].北京:航空工业出版社,
2018.

[42] 吴继霞,吴铁钧,黄文军.大学生生涯发展规划理论与实务 [M].苏
州:苏州大学出版社,2012.